TRAININGSHEFT

Grammatik Präpositionen

Prüfungsrelevante Grammatik

Niveau A1 – B1

von Laura Klöpping-Haupt

CARL ED. SCHÜNEMANN KG

Liebe Leserin, lieber Leser,

mit unserer kleinen DaF-Reihe bieten wir Selbstlernerinnen und -lernern kleine Grammatikeinheiten zum Üben, Wiederholen und Vertiefen an. Die Hefte können parallel zum kurstragenden Lehrwerk eingesetzt werden und wenden sich an alle, die sich gezielt auf DaF-Prüfungen vorbereiten wollen oder sich übungsintensiven Lerninhalten noch einmal widmen möchten.
Die Grammatikinhalte orientieren sich an **Prüfungsformaten der gängigen DaF-Sprachprüfungen** (z. B. Zertifikat Deutsch – telc Deutsch B1, Goethe-/ÖSD-Zertifikat Deutsch B1 etc.) auf den Niveaus A2 und B1.

Dieses Heft behandelt das Grammatikthema **Präpositionen:**
Die Kapitel 1 – 6 fokussieren Präpositionen auf Kasusebene, also z. B. Präpositionen mit Akkusativ, Dativ und Genitiv. Außerdem werden hier in einem eigenen Kapitel auch intensiv die Wechselpräpositionen geübt.
Die Kapitel 7 – 8 legen den Schwerpunkt auf die Semantik. Im Vordergrund stehen hierbei lokale und temporale Präpositionen.
Am **Anfang eines jeden Kapitels** werden die jeweils behandelten Grammatikinhalte kurz und klar eingeführt. Zahlreiche Beispiele tragen zur Veranschaulichung des Stoffes bei.
Abwechslungsreiche Übungen festigen anschließend das Gelernte und wenden es in unterschiedlichen Kontexten an. Vor jeder Übung ist das **Sprachniveau** angegeben. Abgerundet wird das Angebot von einem ausführlichen **Lösungsteil.**
Auf diese Weise können Sie sich optimal auf anstehende Prüfungen vorbereiten.

Und das besondere Plus, auch für Lehrkräfte:
Im Shop auf unserer Homepage finden Sie Übersichten zu Präpositionen und Listen mit den wichtigsten Verben und Adjektiven mit Präpositionen auf den Niveaus A2 und B1. Besonders interessant für den Unterricht sind außerdem auch Spielideen zu einzelnen Kapiteln. Die ideale Ergänzung zum kurstragenden Lehrwerk!

Die Reihe wird fortgesetzt.

Viel Spaß und Erfolg wünscht
Ihre DaF-Redaktion

Präpositionen

- Präpositionen sind kleine Wörter, die meistens **vor** einem Nomen oder **vor** einem Pronomen stehen.

Vor einem Nomen	**Vor einem Pronomen**
*Sie geht **durch die Tür.***	*Er steht **neben ihr.***
*Das Bild hängt **an der Wand.***	***Ohne dich** ist es langweilig.*
*Ich bleibe **bis nächste Woche.***	*Das haben wir **für euch** gemacht.*

Sie legen den **Kasus** des Nomens oder Pronomens fest.

Mit Akkusativ: bis, durch, für, gegen, ohne, um

Mit Dativ: aus, bei, mit, nach, seit, von, zu

Mit Akkusativ oder Dativ: an, auf, hinter, in, neben, über, unter, vor, zwischen

Mit Genitiv: außerhalb, innerhalb, trotz, während, wegen

- Präpositionen können mit einem **Verb** zusammenstehen:
  warten auf: *Ich **warte auf** den Bus.*

  Sie können sich auch mit einem **Adjektiv** verbinden:
  wichtig für: *Das ist **wichtig für** die Prüfung.*

  Sie können mit einem **Nomen** stehen:
  Angst (haben) vor: *Ich habe **Angst vor** Spinnen.*

- Einige Präpositionen können mit dem bestimmten Artikel **Kurzformen** bilden:

Akkusativ		**Dativ**	
an das	➤ ans	an dem	➤ am
in das	➤ ins	in dem	➤ im
auf das	➤ aufs	bei dem	➤ beim
durch das	➤ durchs	von dem	➤ vom
für das	➤ fürs	zu dem	➤ zum
		zu der	➤ zur

- **Lerntipp:** Lernen Sie die Präpositionen immer gleich mit dem richtigen Kasus! Damit sparen Sie viel Zeit und machen weniger Fehler.

1 | Präpositionen mit Akkusativ

- Diese Präpositionen stehen **immer** mit Akkusativ:
  bis – durch – für – gegen – ohne – um

bis	*Der Bus fährt nicht* ***bis Frankfurt.***
durch	*Wir gehen* ***durch den Park.***
für	*Familie Müller fährt* ***für eine Woche*** *in den Urlaub.*
gegen	*Der Ball fliegt* ***gegen das Fenster.***
ohne	***Ohne meinen Hund*** *fühle ich mich allein.*
um	*Ich gehe* ***um den See*** *spazieren.*

A1/A2

1a) Lesen Sie die Dialoge. Unterstreichen Sie die Präpositionen und die Nomen oder Pronomen im Akkusativ.

a) ● Hallo Anne, was machst du heute?
○ Ich will durch den Park spazieren gehen, und du?
● Ich möchte um den See laufen. Dort ist es gerade so schön.

b) ● Wir haben ja ganz schön viel zu tun!
○ Das stimmt, aber wir schaffen das! Ich mache das bis nächste Woche.
● Super, alles klar!

c) ● Max kommt übrigens nicht.
○ Ach wie schade! Ohne ihn ist es total langweilig!

d) ● Oh! Das sind aber schöne Blumen!
○ Die sind für dich!
● Was!? Echt? Dankeschön!

e) ● Was hast du denn gemacht?
○ Ich bin gegen die Tür gelaufen ...
● Ach nein, du Armer!

1b) Ergänzen Sie die Regel:

Die Präpositionen durch, ...

stehen immer mit ....!

A1/A2 **2 Markieren Sie die richtigen Präpositionen.**

a) Er geht durch / bis / gegen die Stadt.

b) Viel Glück bis / für / ohne deine Prüfung!

c) Um / Gegen / Ohne seine Katze kann er nicht schlafen.

d) Ich bin gegen / um / ohne deinen Vorschlag.

e) Fährst du oft mit dem Fahrrad durch / bis / gegen den Wald?

f) Der Hund läuft bis / durch / um die Ecke.

A1/A2 **3 Ergänzen Sie die Präpositionen und, wenn nötig, den bestimmten Artikel.**

bis - ~~durch~~ - für - gegen - durch - ohne - um - für - um

a) Ich laufe gerne durch den Wald.

b) Ich fahre sehr gern mit dem Fahrrad .... See.

c) Der Deutschkurs beginnt .... 8:00 Uhr.

d) Sport ist gut .... Gesundheit.

e) Wenn ich zu spät komme, kannst du schon .... mich anfangen.

g) Lernst du viel .... Prüfung?

h) Ich frage die Apothekerin, ob sie ein Medikament .... Husten hat.

i) Der schnellste Weg zur Schule ist .... Stadt.

j) Wir müssen die Aufgaben .... Freitag fertig haben.

A2

4 ***Bis, durch, für, gegen, ohne, um?*** **Ergänzen Sie die Sätze.**

a) der Park — Ich laufe durch den Park.

b) der Wald — Er spaziert .... und sammelt Pilze.

c) der See — Ich jogge ....

d) Augsburg — Der Bus fährt ....

e) die Tür — Sei vorsichtig und lauf nicht ....

f) mein Vater — Das ist ein Geschenk ....

g) meine Brille — .... kann ich nicht gut sehen.

A2

5 **Hoppla! Das ist falsch! Streichen Sie die falsche Präposition durch und notieren Sie die richtige Präposition wie im Beispiel.**

a) Die Katze läuft ~~gegen~~ die Ecke. ....um....

b) Er fährt mit dem Fahrrad für den Wald. ....

c) Kauf dir ein Medikament durch deinen Husten! ....

d) Kannst du das ohne nächsten Dienstag machen? ....

e) Die Blumen sind bis meine Oma. ....

f) Durch meine Freunde ist es langweilig. ....

g) Wir spazieren für die Natur. ....

h) Gegen die Prüfung müssen wir viel lernen. ....

i) Die Familie sitzt gegen den Tisch. ....

j) Tschüs, ohne nächste Woche! ....

k) Was? Du willst um mich wegfahren? ....

l) Die Mitarbeiter sind bis diese neue Regel. ....

m) Ich habe durch nächsten Mittwoch Urlaub. ....

2 | Präpositionen mit Dativ

- Diese Präpositionen stehen immer mit Dativ:
  aus - bei - mit - nach - seit - von - zu

aus	*Der Chef kommt* ***aus seinem Büro.***
bei	*Treffen wir uns* ***bei dir?***
mit	*Sie spricht* ***mit dem Lehrer.***
nach	*Was machst du* ***nach der Arbeit?***
seit	*Ich lerne* ***seit einem Jahr*** *Deutsch.*
von	*Ich habe die Information* ***von ihr.***
zu	*Fährst du* ***zur Apotheke?***

A2

1a) Unterstreichen Sie die Präpositionen und die Nomen oder Pronomen im Dativ. Achten Sie auch auf die Kurzformen.

- Sag mal Julian, wie kommst du eigentlich jeden Tag zur Schule?
- Manchmal fahre ich mit dem Bus, manchmal mit dem Fahrrad.
- Das ist praktisch. Seit wann hast du ein Fahrrad?
- Seit einem Monat. Es war ein Geschenk von meinen Eltern zum Geburtstag. Ich fahre oft nach der Schule zu meinen Freunden. Mit dem Fahrrad ist das leichter als mit dem Bus.
- Und was machst du heute nach der Schule?
- Da fahre ich zu meinen Großeltern, bei ihnen gibt es heute mein Lieblingsessen.
- Wohnen deine Großeltern weit weg?
- Nein, sie sind letztes Jahr aus der Stadt zu uns gezogen.

1b) Ergänzen Sie die Regel:

Die Präpositionen zu, ...

stehen immer mit ....!

A2

2 Welche Präposition passt? Ergänzen Sie.

a) Ich bin ...A)... drei Jahren in Deutschland.
A) **seit** B) **aus** C) **von**

b) Ist das Geschenk .... deiner Mutter?
A) **mit** B) **zu** C) **von**

c) Er geht .... der Arbeit ins Fitnessstudio.
A) **nach** B) **aus** C) **ab**

d) Bleibst du heute .... deinen Großeltern?
A) **mit** B) **zu** C) **bei**

e) Victoria fährt .... Tanzschule.
A) **zur** B) **zum** C) **nach**

f) .... wem gehst du ins Kino?
A) **Bei** B) **Mit** C) **Von**

g) Kannst du bitte Mineralwasser .... dem Keller holen?
A) **von** B) **aus** C) **nach**

A2

3 Unterstreichen Sie die richtige Präposition.

a) Ich fahre später **zur / nach / bei** Apotheke.

b) **Mit / Von / Bei** wem gehst du heute ins Kino?

c) Wir wohnen **nach / seit / aus** einem halben Jahr in Deutschland.

d) Das ist eine schöne Postkarte, **mit / zu / von** wem ist sie?

e) Wann gehst du morgens **aus / seit / von** dem Haus?

f) Wohnt sie **mit / bei / aus** ihren Eltern oder wohnt sie allein?

g) Sprichst du heute noch **aus / nach / mit** deinem Chef?

h) **Zum / Nach / Seit** dem Kino gehen wir noch was trinken.

i) Gehst du heute Abend **zu / von / aus** ihm?

A2

4 *Aus - bei - mit - nach - seit - von - zu.* **Ergänzen Sie die passenden Präpositionen.**

Achten Sie auch auf die Kurzformen! 

a)	.... dem Mittagessen bin ich immer total müde!	Ja, geht mir auch so. Kommst du heute eigentlich .... Meeting?
b)	.... wann lernst du Deutsch?	Noch nicht so lang. Ich bin erst .... fünf Monaten in Deutschland und lerne .... vier Monaten Deutsch.
c)	Gehst du oft .... deinem Hund spazieren?	Ja, ich gehe drei Mal am Tag .... ihm raus!
d)	.... wem ist denn dieser Pullover? Der ist ja schön!	Der ist .... meiner Mutter, sie hat ihn mir .... Geburtstag geschenkt.
e)	Gehst du heute Abend .... deiner Freundin?	Nein, heute Abend nicht. Ich treffe mich morgen .... ihr.
f)	Bist du schon .... Hause?	Nein, ich muss noch schnell .... Supermarkt.
g)	.... wem hast du telefoniert?	.... meiner Mutter. Sie war im Urlaub und ist .... gestern wieder zu Hause.
h)	Wo arbeitest du?	Ich arbeite .... der Post.
i)	Wo bist du denn gerade?	Ich bin .... Sport.
j)	Wir haben nicht genügend Stühle. Holst du bitte einen Stuhl .... der Küche?	Na klar!

3 | Wechselpräpositionen

- Es gibt Präpositionen, die mit Dativ *oder* Akkusativ stehen können.
  Diese Präpositionen heißen **Wechselpräpositionen:**
  an - auf - hinter - in - neben - über - unter - vor - zwischen

  Auf die Frage **Wo?** folgt Dativ, auf die Frage **Wohin?** folgt Akkusativ.
  Wo? gibt einen Ort (•) an, **Wohin?** gibt eine Richtung (→) an.

Dativ (Wo?)	**Akkusativ (Wohin?)**
*Das Regal steht **an der Wand.***	*Wir stellen das Regal **an die Wand.***
*Die Katze schläft **auf dem Sofa.***	*Die Katze springt **auf das Sofa.***
*Ich bin **in der Stadt.***	*Ich gehe **in die Stadt.***
*Der Garten ist **hinter dem Haus.***	*Sie geht **hinter das Haus.***
*Das Buch liegt **neben dem Computer.***	*Er legt das Buch **neben den Computer.***
*Die Lampe hängt **über dem Esstisch.***	*Ich hänge die Lampe **über den Esstisch.***
*Der Hund schläft **unter dem Tisch.***	*Der Hund läuft **unter den Tisch.***
*Das Auto steht **vor dem Haus.***	*Er fährt das Auto **vor das Haus.***
*Sie sitzt **zwischen ihren Freundinnen.***	*Sie setzt sich **zwischen ihre Freundinnen.***

- Auch bei den Wechselpräpositionen sind die **Kurzformen** wichtig, z. B.:

an dem ➤ am (Dativ)	in dem ➤ im (Dativ)
an das ➤ ans (Akkusativ)	in das ➤ ins (Akkusativ)

- **Nicht verwechseln!** Diese Verben sehen ähnlich oder gleich aus, haben aber unterschiedliche Bedeutungen:

Dativ (Wo?)	**Akkusativ (Wohin?)**
sitzen	(sich) setzen
stehen	(sich) stellen
liegen	(sich) legen
hängen	hängen
*Ich **sitze** auf dem Stuhl.*	*Ich **setze mich** auf den Stuhl.*
*Er **steht** neben dem Tisch.*	*Er **stellt sich** neben den Tisch.*
*Sie **liegt** im Bett.*	*Sie **legt sich** ins Bett.*
*Das Bild **hängt** an der Wand.*	*Ich **hänge** das Bild an die Wand.*

Wechselpräpositionen mit Dativ

A1

1 Wo sitzt die Katze? Ergänzen Sie die Präpositionen aus dem Wortspeicher.

an – auf – hinter – in – neben – unter – über – vor – zwischen

A2 **2 Wo ist was? Schreiben Sie Sätze wie im Beispiel.**

Tipp: Mehrere Kombinationen sind möglich.

~~der Laptop~~	die Schuhe	~~stehen~~	vor	neben	die Wand
die Tasse	die Lampe	hängen	hinter	über	~~der Tisch~~
die Bücher	die Flasche	liegen	~~auf~~	unter	der Stuhl/
die Jacke	der Tisch	sitzen	an	zwischen	die Stühle
die Bilder	die Katze		in		

a) *Der Laptop steht auf dem Tisch.*

b) ....

c) ....

d) ....

e) ....

f) ....

g) ....

h) ....

i) ....

j) ....

Wechselpräpositionen mit Akkusativ

A1

3 Ergänzen Sie die Präpositionen aus dem Wortspeicher und die bestimmten Artikel im Akkusativ. Achten Sie auch auf die Kurzformen.

an - auf - hinter - in - neben - unter - über - vor - zwischen

a) Er hängt die Jacke ..an.. ..die.. Garderobe.

b) Er wirft den Ball .... Garten.

c) Sie stellt die Flasche .... Tisch.

d) Sie legt die Gabel .... Teller.

e) Ich hänge das Bild .... Poster.

f) Der Hund läuft .... Tür.

g) Der Ball rollt .... Baum.

h) Sie legt den Salat .... Gemüse.

i) Das Auto fährt .... Haus.

A1

4 Wohin? Beantworten Sie die Fragen.

a) Wohin gehst du? → in + Zimmer

Ich gehe in mein Zimmer.

b) Wohin hast du das Fahrrad gestellt? → neben + Garage

c) Wohin hat sich die Katze gelegt? → auf + Sofa

d) Wohin hat sich der Hund gelegt? → unter + Tisch

e) Wohin hängen wir das Bild? → an + Wand

f) Wohin hängen wir die Lampe? → über + Küchentisch

g) Wohin soll ich mich setzen? → zwischen + wir

h) Wohin hat er die Mütze gelegt? → hinter + Koffer

i) Wohin hat er das Auto gefahren? → vor + Haus

Wechselpräpositionen im Dativ und Akkusativ

A2 **5 Was passt zusammen? Ordnen Sie zu.**

1) Ich hänge das Bild
2) In der Schule sitze ich
3) Das Auto steht
4) Sie legt ihr Grammatikbuch
5) Die Teller stehen
6) Wir wohnen jetzt in dem Haus
7) Er ist müde und legt sich
8) Die Katze schläft
9) Unser Hund springt immer

a) über die Blumen.
b) in der Garage.
c) vor der Tafel.
d) zwischen der Bäckerei und der Post.
e) neben das Vokabelheft.
f) an die Wand.
g) unter dem Sofa.
h) auf das Bett.
i) hinter den Töpfen.

1 f) 2 ...... 3 ...... 4 ...... 5 ...... 6 ...... 7 ...... 8 ...... 9 ......

A2 **6a) Ergänzen Sie die bestimmten Artikel im Nominativ, Akkusativ und Dativ.**

	Nominativ	Akkusativ	Dativ
Schule	die	die	der
Parkplatz			
Theater			
Park			
Straße			
Café			
Bank			
Museum			
Kino			

Weg			
Hotel			
Post			
Bahnhof			
Kiosk			
Haltestelle			

6b) Sehen Sie sich den Stadtplan an und beantworten Sie die Fragen.

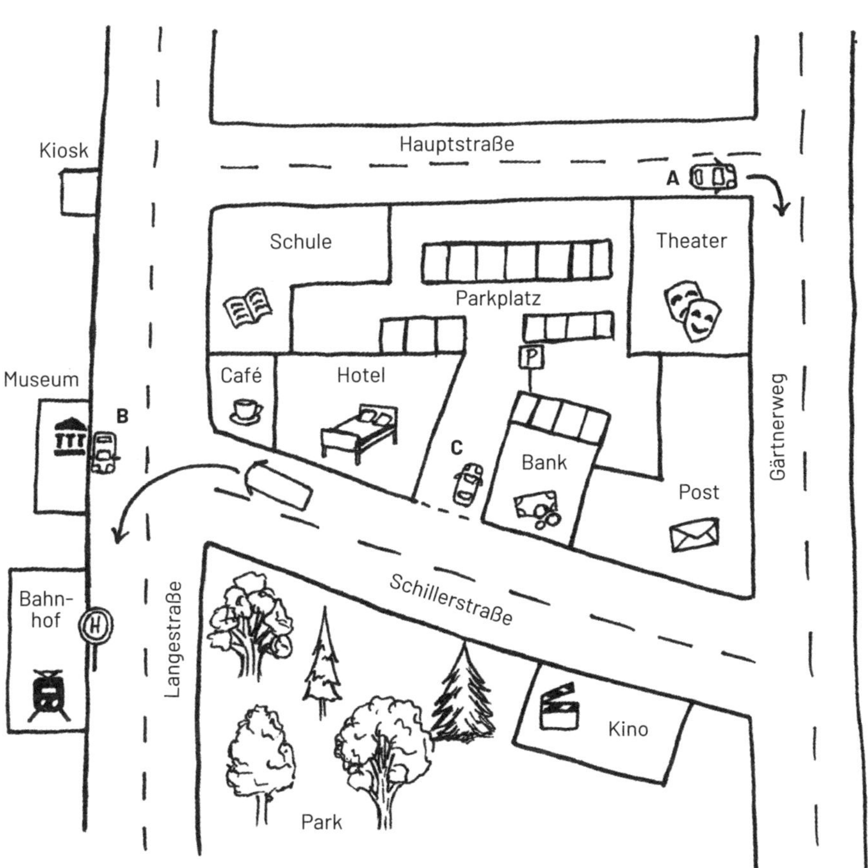

auf - hinter - in (2x) - neben - vor (2x) - zwischen

a) Wo ist das Café? • Hotel

Das Café ist neben dem Hotel.

b) Wo ist die Bank? • Hotel/Post

c) Wohin fährt Auto A? → Gärtnerweg

d) Wo ist der Parkplatz? • Hotel

e) Wo steht Auto B? • Museum

f) Wohin fährt Auto C? → Parkplatz

g) Wo ist der Park? • Kino

h) Wo ist die Haltstelle? • Bahnhof

i) Wohin fährt der Bus? → Langestraße

A2

7 Wo oder wohin? Kreuzen Sie an.

	Wo? (•) (Dativ)	Wohin? (→) (Akkusativ)
a) Wir gehen in die Schule.	◯	X
b) Die Lampe hängt jetzt über dem Esstisch.	◯	◯
c) Ich setze mich zwischen meine beiden Freunde.	◯	◯
d) Der Stift liegt neben dem Buch.	◯	◯
e) Wir fahren an den See.	◯	◯
f) Der Bus fährt vor die Schule.	◯	◯
g) Die Lehrerin stellt sich neben die Tafel.	◯	◯
h) Die Schuhe stehen unter dem Tisch.	◯	◯
i) Das Auto parkt vor der Schule.	◯	◯
j) Er steht hinter der Tür.	◯	◯
k) Luca hängt die Lampe über den Esstisch.	◯	◯
l) Wir warten an der Ampel.	◯	◯
m) Ich stelle die Schultasche unter den Tisch.	◯	◯
n) Er legt den Löffel neben die Tasse.	◯	◯
o) Jetzt sitze ich zwischen meinen beiden Freunden.	◯	◯
p) Ich bin in der Schule.	◯	◯
q) Meine Freundin stellt sich hinter mich.	◯	◯

4 | Präpositionen mit Genitiv

- Diese Präpositionen stehen mit Genitiv:
  außerhalb – innerhalb – trotz – während – wegen

außerhalb	***Außerhalb der Stadt*** *ist es ruhiger.*
innerhalb	***Innerhalb einer halben Stunde*** *hatte sie ihr Zimmer aufgeräumt.*
trotz	***Trotz der großen Entfernung*** *sieht sie ihre Familie oft.*
während	***Während des Fluges*** *sollten Sie angeschnallt bleiben.*
wegen	*Das Spiel wurde* ***wegen des starken Regens*** *abgesagt.*

- Präpositionen mit Genitiv können bestimmte Bedeutungen haben.

Lokal: Sie können zeigen, **wo** etwas ist. Sie geben also einen Ort (Wo?) an.
Innerhalb des Gebäudes *ist das Rauchen nicht erlaubt.*
Außerhalb Münchens *kann man günstiger wohnen.*

Temporal: Sie können zeigen, in welchem Zeitraum (Wann?) etwas geschieht.
Während der Schulzeit *war ich sehr fleißig.*
Während des Kochens *telefoniere ich mit meiner Mutter.* (im gleichen Moment)
Innerhalb des letzten Jahres *verbesserte sie ihre Noten stark.*
Außerhalb der Sprechzeiten *ist die Praxis geschlossen.*

Kausal: Sie können zeigen, **warum** etwas ist. Sie geben also einen Grund an.
Wegen des Feiertags *waren alle Geschäfte geschlossen.*

Konzessiv: Sie können einen Gegengrund oder Widerspruch angeben.
Trotz des guten Spiels *verlor die Mannschaft.*

- **Regel:**
  Die Präpositionen ***trotz*** und ***wegen*** können Nebensätze ersetzen.
  Wegen ersetzt den Weil-Satz. ***Trotz*** ersetzt den Obwohl-Satz.

Wegen des Sturms *wurde das Fußballspiel abgesagt.*
= ***Weil es stürmisch war,*** *wurde das Fußballspiel abgesagt.*

Trotz des Regens *spielen die Kinder draußen.*
= ***Obwohl es regnet,*** *spielen die Kinder draußen.*

Allgemeiner Hinweis:
In gesprochenem Deutsch benutzt man die Präpositionen ***trotz, während*** und ***wegen*** oft mit Dativ, z. B.: ***trotz dem Regen, während dem Essen, wegen dem Schnee***

B1

1a) Lesen Sie die Dialoge. Unterstreichen Sie die Präpositionen und die Nomen oder Pronomen im Genitiv.

a) ● Wie war dein Urlaub?
○ Eigentlich schön, aber wegen des Wetters eine Katastrophe!

b) ● Wegen meines Umzugs bin ich innerhalb der nächsten Tage telefonisch nicht zu erreichen.
○ Ich verstehe, übernimmt ein Kollege deine Arbeit während dieser Zeit?

c) ● Hast du das Auto trotz der bekannten Mängel gekauft?
○ Ja, es war so günstig!

d) ● Ich habe heute Morgen niemanden in der Werkstatt erreichen können.
○ Hast du vielleicht außerhalb der Öffnungszeiten angerufen?

1b) Ergänzen Sie die Regel:

Die Präpositionen ....

....

stehen mit ....

B1

2 *Außerhalb* oder *innerhalb?* Welche Präposition ist richtig? Kreuzen Sie an.

a) ◌ Außerhalb des Schulgebäudes dürft ihr eure Smartphones nicht benutzen.
◌ Innerhalb des Schulgebäudes dürft ihr eure Smartphones nicht benutzen.

b) ◌ Ich werde innerhalb des nächsten Jahres befördert.
◌ Ich werde außerhalb des nächsten Jahres befördert.

c) ◌ Er liebt das ruhige Leben innerhalb großer Städte.
◌ Er liebt das ruhige Leben außerhalb großer Städte.

d) ◌ Innerhalb der historischen Altstadt ist das Parken verboten.
◌ Außerhalb der historischen Altstadt ist das Parken verboten.

e) ◌ Bitte überweisen Sie den Betrag innerhalb eines Monats.
◌ Bitte überweisen Sie den Betrag außerhalb eines Monats.

f) ◌ Außerhalb der Öffnungszeiten ist niemand im Geschäft.
◌ Innerhalb der Öffnungszeiten ist niemand im Geschäft.

B1

3a) *Während.* Was passiert gleichzeitig? Ordnen Sie zu.

a) Während des Kinofilms
b) Während der Autofahrt
c) Während des Spaziergangs
d) Während der Corona-Krise

A) atme ich viel frische Luft.
B) haben wir im Homeoffice gearbeitet.
C) sollte man sich nicht laut unterhalten.
D) sollte man angeschnallt bleiben.

a)........ b)........ c)........ d)........

3b) Was machen Sie gleichzeitig? Schreiben Sie Sätze mit *während.*

Hinweis: Das Verb, das zuerst angegeben ist, müssen Sie nominalisieren. Machen Sie also aus dem Verb ein Nomen, z. B.: kochen – das Kochen. Bilden Sie dann den Genitiv: ***des Kochens.***

a) kochen – telefonieren mit Freundin

Während des Kochens telefoniere ich mit meiner Freundin.

b) lesen – Musik hören

....

c) aufräumen – an Freund denken

....

d) baden – Vokabeln lernen

....

e) essen – sich unterhalten mit Kollegen

....

f) joggen – ein Lied singen

....

B1

4 *Wegen* oder *trotz?* Welche Bedeutung ist richtig? Kreuzen Sie an.

a) Wegen des Sturms konnte das Flugzeug nicht landen.

- ◯ Das Flugzeug konnte nicht landen, weil es sehr stürmisch war.
- ◯ Das Flugzeug konnte nicht landen, obwohl es sehr stürmisch war.

b) Trotz trockener Straßen kommt es zu Chaos im Straßenverkehr.

- ◯ Es kommt zu Chaos im Straßenverkehr, weil die Straßen trocken sind.
- ◯ Es kommt zu Chaos im Straßenverkehr, obwohl die Straßen trocken sind.

c) Wegen starker Kopfschmerzen kann ich mich nicht konzentrieren.

- ◯ Ich kann mich nicht konzentrieren, obwohl ich starke Kopfschmerzen habe.
- ◯ Ich kann mich nicht konzentrieren, weil ich starke Kopfschmerzen habe.

d) Trotz der großen Anstrengung hat er die Prüfung nicht bestanden.

- ◯ Er hat die Prüfung nicht bestanden, obwohl er sich sehr angestrengt hat.
- ◯ Er hat die Prüfung nicht bestanden, weil er sich sehr angestrengt hat.

B1

5a) Schreiben Sie die unterstrichenen Satzteile mit *wegen*.

a) Weil ich einen Termin beim Zahnarzt hatte, bin ich später ins Büro gefahren.

Wegen eines Zahnarzttermins bin ich später ins Büro gefahren.

b) Weil es geschneit hat, müssen wir heute früher losfahren.

c) Weil er eine Grippe hat, kann er heute nicht zum Kurs kommen.

d) Weil es sehr heiß ist, dürfen die Schüler heute früher gehen.

5b) Schreiben Sie die unterstrichenen Satzteile mit *trotz*.

a) Obwohl sie krank ist, geht sie in die Schule.

Trotz Krankheit geht sie in die Schule.

b) Obwohl es kalt ist, trage ich kurze Hosen.

c) Obwohl es sehr heiß ist, stellt er die Heizung an.

d) Obwohl es regnet, spielen die Kinder im Garten.

B1

6 Beantworten Sie die Fragen in vollständigen Sätzen und verwenden Sie die Angaben wie im Beispiel.

a) Wann kann man nicht in der Tiefgarage parken?

außerhalb – Öffnungszeiten: *Außerhalb der Öffnungszeiten kann man nicht in der Tiefgarage parken.*

b) Warum hatte der Zug Verspätung?

wegen – technische Störung: ....

....

c) Wo ist das Rauchen nicht erlaubt?

innerhalb – Bürogebäude: ....

....

d) Wo sind die Mieten billiger?

außerhalb – Stadt: ....

....

e) Wann machst du eigentlich deine Hausaufgaben?

während – Abendessen: ....

....

f) Wann kannst du die Aufgabe erledigen?

innerhalb – nächste Stunde: ....

....

g) Was hast du vor? Es regnet und du willst spazieren gehen?

trotz – Regen: ....

....

B1 **7 Ergänzen Sie die Präpositionen aus dem Wortspeicher und die Nomen in den Klammern im Genitiv.**

außerhalb - innerhalb - trotz - ~~während~~ - wegen

a) Bitte schalten Sie während des Konzerts (das Konzert) Ihre Handys aus.

b) Heute morgen kam ich .... (ein Stau) zu spät ins Büro.

c) Er hat die Aufgabe .... (eine Stunde) bearbeitet.

d) .... (die Sprechzeit) ist der Arzt nur in Notfällen erreichbar.

e) Der Chef kam .... (eine Erkältung) zur Arbeit.

B1 **8 Schreiben Sie Sätze mit *außerhalb, innerhalb, trotz, während* und *wegen.***

a) das schlechte Wetter – es kommt zu Chaos im Straßenverkehr

Wegen des schlechten Wetters kommt es zu Chaos im Straßenverkehr.

b) die bekannten Gefahren – Autofahrer nehmen den üblichen Weg zur Arbeit

....

....

c) der Berufsverkehr – das führt zu langen Staus ....

....

d) die Stadt – das Wetter sorgt für Chaos ....

....

e) der starke Wind – die Flüge haben Verspätung ....

....

f) die nächsten Stunden – das Wetter soll besser werden ....

....

....

5 | Verben mit Präpositionen

- Es gibt Verben, die zusammen mit einer bestimmten Präposition auftreten. Diese Präposition zeigt an, ob das nachfolgende Nomen oder Pronomen im Akkusativ oder Dativ steht.

- Wichtige Verben mit Präpositionen sind:

Mit Akkusativ

antworten ***auf***	*Leon **antwortet** nicht gern **auf** diese Frage.*
sich ärgern ***über***	*Er hat sich **über** den Film **geärgert.***
sich bedanken ***für***	*Ich **bedanke** mich herzlich **für** das Geschenk!*
sich beschweren ***über***	*Die Nachbarn **beschweren** sich **über** die Musik.*
bitten ***um***	*Herr Müller **bittet um** eine schnelle Antwort.*
danken ***für***	*Ich **danke** dir **für** deine Hilfe!*
denken ***an***	*Er **denkt** Tag und Nacht **an** sie.*
diskutieren ***über***	*Die Kollegen **diskutieren** schon lange **über** den Vorschlag.*
sich entscheiden ***für***	*Wir **entscheiden** uns **für** eine andere Lösung.*
gegen	*Ich habe mich **gegen** den roten Pullover **entschieden.***
sich entschuldigen ***für***	*Sie **entschuldigt** sich **für** ihren Kommentar.*
sich erinnern ***an***	***Erinnerst** du dich noch **an** unseren letzten Urlaub?*
sich freuen ***auf***	*Julian **freut** sich **auf** die Sommerferien.*
über	*Ich **freue** mich sehr **über** deinen Besuch!*
glauben ***an***	***Glaubt** dein Sohn noch **an** den Osterhasen?*
halten ***für***	*Wir **halten** den neuen Mitarbeiter **für** sehr kompetent.*
hören ***auf***	*Du solltest wirklich mal **auf** deine Mutter **hören.***
(sich) informieren ***über***	*Der Tourist **informiert** sich **über** die Sehenswürdigkeiten in der Stadt.*
sich interessieren ***für***	*Sie **interessiert** sich sehr **für** Astrologie.*
sich kümmern ***um***	*Ich kann mich **um** deinen Hund **kümmern,** wenn du weg bist.*
lachen ***über***	***Über** Katzenvideos kann ich immer **lachen.***
nachdenken ***über***	***Denkst** du viel **über** die Arbeit **nach?***
sein ***für/gegen***	***Bist** du **für** oder **gegen** Lauras Vorschlag?*
sprechen ***über***	*Wir müssen mal **über** diesen Punkt **sprechen.***
sich verlieben ***in***	*Sie hat sich **in** ihn **verliebt.***
warten ***auf***	*Wie lange müssen wir denn noch **auf** den Bus **warten?***

- Manche Verben können mit mehreren Präpositionen stehen. Die Präposition entscheidet dann über die Bedeutung, z. B.:

sich freuen auf *Ich freue mich **auf deinen Besuch.***
Erklärung: Der Besuch liegt in der Zukunft. Er hat noch nicht stattgefunden.

sich freuen über *Ich freue mich **über deinen Besuch.***
*Ich habe mich **über deinen Besuch** gefreut.*
Erklärung: Der Besuch findet in der Gegenwart statt oder liegt in der Vergangenheit.

Mit Dativ

anfangen **mit**	*Wollen wir schon mal **mit** dem Meeting **anfangen?***
aufhören **mit**	*Er hat **mit** dem Rauchen **aufgehört.***
beginnen **mit**	*Ich **beginne** heute **mit** der Vorbereitung.*
sich bedanken **bei**	*Er hat sich **bei** seinen Großeltern **bedankt.***
sich bewerben **bei**	*Ich habe mich **bei** einer internationalen Firma **beworben.***
bezahlen **mit**	*Heute **bezahle** ich **mit** meiner Kreditkarte.*
diskutieren **mit**	*Ich habe lange **mit** ihm **diskutiert.***
einladen **zu**	*Moritz hat uns **zu** seinem Geburtstag **eingeladen.***
sich entschuldigen **bei**	*Er hat sich **bei** seinem Nachbarn **entschuldigt.***
sich erkundigen **bei/nach**	*Die Passagiere **erkundigen** sich **bei** der Fluggesellschaft **nach** der Reisedauer.*
erzählen **von**	***Erzähl'** mir **von** eurem Urlaub! Wie war's?*
fragen **nach**	*Er kannte sich nicht aus und musste **nach** dem Weg **fragen.***
gratulieren **zu**	*Wir **gratulieren** herzlich **zur** Hochzeit!*
helfen **bei**	*Kannst du mir bitte **bei** den Hausaufgaben **helfen**?*
hören **von**	*Hast du mal **von** deiner Schwester **gehört?** Sie hat lange nicht mehr angerufen.*
sprechen **mit**	*Ich habe gestern lange **mit** meiner Freundin **gesprochen.***
von	*Wir haben **von** dir **gesprochen.***
sich streiten **mit**	*Susanne hat **sich** gestern **mit** ihrer Freundin **gestritten.***
telefonieren **mit**	*Ich **telefoniere** heute Abend noch **mit** meiner Mutter.*
träumen **von**	*Sie **träumt von** weißen Stränden und blauem Meer.*
sich treffen **mit**	*Er **trifft** sich später **mit** seinem Bruder.*
sich verstehen **mit**	*Lina **versteht** sich gut **mit** ihren Geschwistern.*
warnen **vor**	*Die Polizei **warnt vor** glatten Straßen.*
zusammenleben **mit**	*Ich **lebe mit** meinem Freund **zusammen.***
zweifeln **an**	*Ich **zweifle** langsam **an** meiner Entscheidung.*

A2/B1

1a) Markieren Sie in den Dialogen A) und B) die Verben mit Präpositionen.
1b) Unterstreichen Sie die Nomen oder Pronomen im Akkusativ und Dativ.

A) ● Guten Tag! Kann ich Ihnen helfen?

○ Ja, gerne. Ich interessiere mich für den blauen Anzug. Hätten Sie den auch in Größe 50?

● Einen Moment bitte, ich erkundige mich schnell bei meiner Kollegin. (...) Leider spricht sie momentan mit einem anderen Kunden, aber vielleicht kann ich Ihnen bei Ihrer Suche helfen. Lassen Sie mich kurz ...

○ Das ist nett, aber ich habe mich nun doch für den schwarzen Anzug entschieden. Ich danke Ihnen für Ihre Hilfe!

● Sehr gerne!

○ Ach eine Frage noch: Kann man bei Ihnen mit Kreditkarte bezahlen?

● Aber natürlich, das ist kein Problem.

B) ● Wann triffst du dich mit deiner Freundin?

○ Wir treffen uns morgen um 15:00 Uhr, ich freue mich schon sehr auf diese Verabredung! Ich möchte ihr von meiner neuen Arbeit und unserer schönen Wohnung erzählen. Wir haben uns so lange nicht gesehen!

● Ist sie eine enge Freundin?

○ Ja! Ich verstehe mich sehr gut mit ihr!

1c) Ordnen Sie die Verben mit Präpositionen aus den Dialogen A) und B) in die Tabelle ein.

mit Akkusativ	mit Dativ
sich interessieren für	

A2/B1

2a) Ordnen Sie den Präpositionen die Verben zu.

sich bedanken – warnen – helfen – sich kümmern – antworten – einladen – zweifeln – sich verlieben – sich entscheiden – warten – träumen – fragen – sich erinnern – sprechen – aufhören – bitten – sich streiten – diskutieren

Tipp: Manche Verben können mit mehreren Präpositionen zusammenstehen.

an: .... nach: ....

auf: .... über: ....

bei: .... um: ....

für: .... von: ....

gegen: .... vor: ....

in: .... zu: ....

mit: ....

2b) Was passt zusammen? Ordnen Sie zu.

a) Ich bedanke mich
b) Sebastian lädt uns
c) Wir haben uns
d) Er bedankt sich
e) Ich erinnere mich sehr gerne
f) Eva kümmert sich
g) Ich träume
h) Er fragt andauernd
i) Sie hat sich sofort

A) an unseren letzten Urlaub.
B) nach dir.
C) um den Hund.
D) von einem Haus am Meer.
E) für das Geschenk.
F) gegen diesen Wein entschieden.
G) zum Abendessen ein.
H) in ihn verliebt.
I) bei seinen Mitarbeitern.

a) E) b) .... c) .... d) .... e) .... f) .... g) .... h) .... i) ....

A2/B1 **3 Bilden Sie Sätze.**

a) Du | das | halten für | eine gute Idee?
Hältst du das für eine gute Idee? ....

b) Er | sich freuen auf | der Urlaub.
....

c) Ich | sich freuen über | die Geschenke.
....

d) Wir | sich entschuldigen für | der Fehler.
....

e) Er | sich beschweren über | der schlechte Kundendienst.
....

f) Die Reisenden | sich erkundigen nach | der Bus.
....

g) Wann | du | beginnen mit | die Arbeit ?
....

A2/B1 **4 Ergänzen Sie die Sätze.**

a) Hilfe: Sie bittet ihn um Hilfe. ....

b) Projekt: Die Kollegen sprechen ....

c) Bus: Moritz und Philipp warten ....

d) Vorschlag: Wir diskutieren schon lange ....

e) Einbrecher (Pl.): Die Polizei warnt ....

f) Frage: Der Schüler antwortet ....

g) Aufräumen: Die Kinder helfen ....

h) Rauchen: Sie hat .... aufgehört.

i) Fähigkeiten (Pl.): Der Chef zweifelt .... seiner Mitarbeiter.

A2/B1

5 Ergänzen Sie die Sätze mit eigenen Ideen. Achten Sie auf die richtigen Präpositionen.

Tipp: Manchmal sind mehrere Präpositionen möglich!

a) Ich glaube nicht an den Weihnachtsmann.

b) Er denkt oft ....

c) Er versteht sich gut ....

d) Sie informiert sich ....

e) Meine Eltern sprechen oft ....

f) Ich telefoniere häufig ....

g) Sie trifft sich ....

h) Meine Freundin lacht ....

i) Sie bewirbt sich ....

j) Er interessiert sich ....

B1

6 Ärger mit den Nachbarn. Welche Präposition ist richtig? Kreuzen Sie an.

Gestern Nacht habe ich mich wirklich (1) meine Nachbarn geärgert: Um 2 Uhr haben sie immer noch sehr laut Musik gehört! Ich konnte gar nicht schlafen. Natürlich habe ich mich (2) den Lärm beschwert. Aber die Nachbarn sind wirklich frech: Sie haben sich nicht (3) mir entschuldigt, sondern auch noch (4) die Situation diskutiert! So geht das nicht! Die werden noch (5) mir hören! Ich bin absolut (6) diese Ruhestörung in der Nacht. Wahrscheinlich halten sie mich (7) einen Idioten. Morgen erkundige ich mich (8) der Hausverwaltung (9) der Hausordnung und dann sehen wir weiter!

1. A) ◯ für
   B) ◯ gegen
   C) ◯ über

2. A) ◯ über
   B) ◯ von
   C) ◯ mit

3. A) ◯ mit
   B) ◯ bei
   C) ◯ zu

4. A) ◯ über
   B) ◯ an
   C) ◯ auf

5. A) ◯ für
   B) ◯ von
   C) ◯ mit

6. A) ◯ für
   B) ◯ nach
   C) ◯ gegen

7. A) ◌ nach
   B) ◌ für
   C) ◌ zu

8. A) ◌ bei
   B) ◌ nach
   C) ◌ über

9. A) ◌ bei
   B) ◌ über
   C) ◌ nach

Pronominaladverbien

Ein Pronominaladverb kann das Objekt in einem Satz ersetzen, wenn der Kontext klar ist. Es wird mit **da(r) + Präposition** gebildet:

*Hast du dich **für das Geschenk** bedankt? – Ja, ich habe mich schon gestern **dafür** bedankt.*

Bei Präpositionen, die mit einem Vokal beginnen, wird ein -**r**- eingefügt: da**r**an, da**r**auf, da**r**über, da**r**um usw.

*Diskutiert ihr schon wieder **über dieses Thema**? – Nein, wir diskutieren nicht mehr **darüber**.*

B1

7a) Wie heißen die Pronominaladverbien? Notieren Sie.

an daran ....
auf ....
für ....
gegen ....
mit ....
nach ....
über ....
von ....
vor ....
zu ....

7b) Ersetzen Sie den unterstrichenen Satzteil durch ein Pronominaladverb.

a) Ich freue mich <u>auf den Urlaub</u>.

Ich freue mich darauf. ....

b) Sie bedankt sich <u>für die Glückwünsche</u>.

....

c) Meine Oma erzählt oft <u>von ihrer Kindheit</u>.

....

d) Er denkt viel über die Situation nach.

....

e) Wir haben schon mit der Aufgabe angefangen.

....

f) Sie hat nach den Ergebnissen gefragt.

....

g) Ich bin wirklich gegen diesen Vorschlag.

....

h) Wir glauben nicht mehr an den Erfolg.

....

i) Der Wetterbericht warnt vor Sturm.

....

j) Ich möchte dich zum Geburtstag einladen.

....

B1

8 Was ist richtig? Kreuzen Sie an.

Liebe Mariam,

ich schreibe dir, um dich (1) unsere Besprechung morgen zu erinnern. Wir müssen noch die letzten Punkte der Gliederung besprechen, denkst du (2)? Ich finde, wir sollten mehr (3) sprechen, wie unser Projekt am Anfang aussehen soll.

Wir sollten die Kollegen auch nochmal (4) informieren, dass sie ihre Notizen von letzter Woche mitbringen. Erinnerst du sie (5)?

Frau Doller hat mir schon mitgeteilt, dass sie sich verspäten wird, aber wir sollen nicht (6) warten.

Die Besprechung wird bestimmt gut. Ich habe vorhin mit dem Chef gesprochen, er freut sich schon (7). Gib mir Bescheid, wann du dich (8) treffen kannst.

Viele Grüße
Jan

(1) ◯ an
◯ bei
◯ zu

(2) ◯ daran
◯ darüber
◯ an sie

(3) ◯ damit
◯ darüber
◯ dazu

(4) ◯ dafür
◯ darüber
◯ daran

(5) ◯ darüber
◯ dazu
◯ daran

(6) ◯ darauf
◯ auf sie
◯ auf

(7) ◯ darüber
◯ darauf
◯ dazu

(8) ◯ mit mir
◯ damit
◯ zu mir

Fragewörter

Fragen nach einer **Sache** werden bei Verben mit Präpositionen mit **wo(r) + Präposition** gestellt:

Wozu** gratuliert er ihr? – Er gratuliert ihr **zur bestandenen Prüfung.

Bei Präpositionen, die mit einem Vokal beginnen, wird ein **-r-** eingefügt: wo**r**an, wo**r**auf, wo**r**über, wo**r**um usw.

Worauf** wartest du? – Ich warte **auf den Bus.

Bei Fragen nach einer **Person** benutzt man **Präposition + Fragewort:**

An wen** denkt er Tag und Nacht? – Er denkt Tag und Nacht **an seine Freundin.

B1

9a) Wie heißen die Fragewörter? Notieren Sie.

an	woran	in	....	von	....
auf	....	mit	....	vor	....
bei	....	nach	....	zu	....
für	....	über	....		
gegen	....	um	....		

B1

9b) Stellen Sie die passenden Fragen.

Nicht vergessen! Nach ***Personen*** fragt man mit ***Präposition + Fragewort!***

a) Worüber ärgerst du dich? ....

Ich ärgere mich über deine Verspätung!

b) ....

Wir kümmern uns um das Geschenk.

c) ....

Sie interessiert sich sehr für alte Autos.

d) ....

Sie freuen sich schon sehr auf den Urlaub.

e) ....

Ich treffe mich später mit meiner Schwester.

f) ....

Sie bezahlt mit Kreditkarte.

g) ....

Er wartet auf seine Freundin.

B1

10 Ergänzen Sie das passende Fragewort und die Präposition.

a) Wofür hast du dich entschieden? – Für den Salat.

b) .... denkst du nach? – Ich denke .... meine Hausaufgaben nach.

c) .... trifft er sich? – Er trifft sich .... seinem Chef.

d) .... ist Hanna morgen eingeladen? – Sie ist .... einer Freundin eingeladen.

e) .... warnt der Wetterbricht? – Er warnt .... heftigen Stürmen.

f) .... beschwert sich Frank schon wieder? – Er beschwert sich .... den Service.

B1 **11 Ein Geburtstagsfest. Ich muss viel organisieren! Unterstreichen Sie die richtigen Präpositionen, Pronominaladverbien und Fragewörter.**

Am nächsten Wochenende hat meine Mutter Geburtstag. Sie wird 80 Jahre alt! Natürlich wollen wir ein großes Fest mit der ganzen Familie feiern! Und wer kümmert sich (1) darum / um / worum alles? Richtig! Ich! Das war klar! Meine Geschwister könnten mir aber (2) bei/ dabei / wobei helfen, finde ich. (3) Darüber / Worüber / Über haben wir lange diskutiert. Sie denken, dass ich das am besten mache, weil ich so gut organisieren kann. Ich habe lange (4) über / worüber / darüber nachgedacht und denke auch, dass das stimmt.

Ich musste wirklich sehr viel planen: (5) Damit / Mit / Womit sollte ich bloß anfangen? Zuerst habe ich natürlich (6) mit / mit wem / damit meiner Mutter (7) darüber / über/ worüber gesprochen, wen sie einladen möchte. Die Gästeliste ist lang: Sie hat 50 Gäste (8) dazu / wozu / zu ihrem Geburtstag eingeladen! Und dann kommen noch viele Nachbarinnen und Nachbarn, die ihr auch (9) zu / dazu / wozu ihrem Jubiläum gratulieren wollen!

Dann haben wir überlegt, wie viele Kuchen wir brauchen. Meine Schwester wollte alles selbst backen. (10) Darüber / Über / Worüber haben wir nur gelacht! Für 50 Leute Kuchen backen ... verrückt! Natürlich haben wir uns (11) dagegen / gegen / wogegen entschieden! Jetzt macht das ein Bäcker. Das ist zwar teurer, aber wir teilen uns die Kosten.

Meine Mutter liebt Musik. Also habe ich das auch noch organisiert. Ich habe mich erst einmal im Internet (12) über / worüber / darüber verschiedene Musikgruppen informiert. Dann habe ich hier in unserer Stadt eine gute Band gefunden! Sie spielt auf der Feier und wir können sogar tanzen! Ich freue mich schon so (13) auf / worauf / darauf! Ehrlich gesagt bin ich aber auch sehr gestresst. Ständig rufen Leute an und fragen: (14) Wofür / Dafür / Für interessiert sich deine Mutter? (15) Darüber / Worüber / Über freut sie sich? Hältst du Blumen (16) wofür / für / dafür eine gute Idee?

(17) Für wen / Wofür /Für halten sie mich eigentlich? Für die Telefonauskunft? Ich muss aufpassen, dass ich mich nicht (18) mit / damit / womit den Leuten streite ... So – jetzt höre ich aber auf (19) womit / damit / mit den Beschwerden! Die letzte Woche vor dem Fest hat angefangen. (20) Daran / Woran / An muss ich noch denken? Habe ich etwas vergessen? Bestimmt - aber egal! Meine Mutter wird sich sehr freuen, da bin ich sicher! Später werden wir uns noch gerne (21) an / daran / woran dieses schöne Fest erinnern!

6 | Adjektive mit Präpositionen

- Es gibt auch Adjektive, die immer mit einer bestimmten Präposition stehen.

- Wichtige Adjektive mit Präpositionen:

Mit Akkusativ

bekannt **für**	*Paris ist **bekannt für** seine Schönheit.*
dankbar **für**	*Er ist **dankbar für** ihre Unterstützung.*
froh **über**	*Wir sind **froh über** den neuen Auftrag.*
gespannt **auf**	*Sie ist **gespannt auf** den Film.*
glücklich **über**	*Ich bin wirklich sehr **glücklich über** das gute Ergebnis.*
gut **für**	*Massagen sind **gut für** mich.*
gut **gegen**	*Aspirin ist **gut gegen** Kopfschmerzen.*
neugierig **auf**	*Jetzt bin ich aber wirklich **neugierig auf** deinen Bericht.*
praktisch **für**	*Diese Schuhe sind sehr **praktisch für** schlechtes Wetter.*
stolz **auf**	*Ich bin so **stolz auf** ihn.*
traurig **über**	*Bist du **traurig über** das Ende der Sommerferien?*
typisch **für**	*Und schon wieder ist er zu spät! Das ist so **typisch für** ihn!*
wichtig **für**	*Diese Grammatik ist **wichtig für** die Prüfung.*
wütend **auf**	*Ich war **wütend auf** meine Schwester.*

Mit Dativ

abhängig **von**	*Es ist **abhängig vom** Wetter, ob der Ausflug stattfindet.*
begeistert **von**	*Max ist **begeistert von** seinem neuen Kurs.*
einverstanden **mit**	*Bist du **mit** der Auswahl der Fotos **einverstanden?***
enttäuscht **von**	*Ich war ein bisschen **enttäuscht von** der Aufführung.*
fertig **mit**	*Sie ist schon **fertig mit** den Hausaufgaben.*
interessiert **an**	*Bist du **an** einer Stadtrundfahrt **interessiert?***
lieb **von**	*Das hast du extra für mich gemacht? Das ist echt **lieb von** dir!*
nett **zu**	*Unsere Lehrerin ist sehr **nett zu** uns.*
nett **von**	*Die Blumen sind für mich? Das ist aber **nett von** dir!*
schuld **an**	*Wer ist **schuld an** diesem Chaos?*
überzeugt **von**	*Ich bin noch nicht ganz **überzeugt von** deiner Idee.*
(un)zufrieden **mit**	*Bist du **zufrieden mit** dem Ergebnis?*

B1

1 Ordnen Sie die Adjektive den Präpositionen zu.

abhängig - begeistert - bekannt - dankbar - einverstanden - enttäuscht - fertig - froh - gespannt - glücklich - gut - interessiert - lieb - nett - neugierig - praktisch - schuld - stolz - traurig - typisch - überzeugt - wichtig - wütend - zufrieden

Tipp: Manche Adjektive können mit mehreren Präpositionen zusammenstehen.

an: ....

auf: ....

für: ....

....

gegen: ....

mit: ....

über: ....

von: ....

zu: ....

Akkusativ

B1

2a) Was passt zusammen? Verbinden Sie die Satzteile.

1) Dieses Medikament ist gut
2) Scharfes Essen ist typisch
3) Die Schüler sind sehr neugierig
4) Positives Feedback ist gut
5) Dieses Taschenmesser ist sehr praktisch
6) Er ist sehr glücklich

A) für die Stimmung am Arbeitsplatz.
B) für Campingurlaube.
C) über die Freundschaft mit ihr.
D) gegen Halsschmerzen.
E) für die thailändische Küche.
F) auf ihre neue Lehrerin.

1) D) 2) .... 3) .... 4) .... 5) .... 6) ....

2b) Ergänzen Sie erst die passenden Präpositionen. Bilden Sie dann aus den Wörtern in den zwei Kästen einen Satz.

~~froh~~	über	viele Filme
stolz	....	mein Nachbar
traurig	....	die Prüfung
gespannt	....	das Wochenende
wütend	....	meine Kinder
wichtig	....	~~der Urlaub~~
bekannt	....	das Wetter
		das Buch

Tipp:
Es gibt mehrere Möglichkeiten.

a) Er ist froh über den Urlaub.

b) ....

c) ....

d) ....

e) ....

f) ....

g) ....

Dativ

B1

3a) *Mit, von* oder *zu?* Ergänzen Sie die richtige Präposition.

a) Bist du schon fertig .... der Aufgabe?

b) Jetzt sei mal ein bisschen nett .... deiner Freundin! Schenk ihr Blumen!

c) Das ist echt sehr lieb .... dir, dass du an mich gedacht hast.

d) Du hast mir sehr geholfen! Das war wirklich sehr nett .... dir!

e) Er war sehr unzufrieden .... seiner Präsentation.

3b) Ergänzen Sie erst die passenden Präpositionen. Bilden Sie dann aus den Wörtern in den zwei Kästen einen Satz.

(un)zufrieden	....	das Ergebnis
einverstanden	....	der Plan
enttäuscht	....	die Idee
überzeugt	....	die Arbeit
schuld	....	der Unfall
abhängig	....	die Musik
~~begeistert~~	~~von~~	die Bücher
interessiert	....	~~das Konzert~~

Hinweis:
Beachten Sie auch die Kurzformen!

a) Wir waren alle begeistert vom Konzert.

b) ....

c) ....

d) ....

e) ....

f) ....

g) ....

h) ....

Akkusativ und Dativ

B1

4 Welche Präposition passt? Ergänzen Sie.

a) Ich bin wütend B) meinen Nachbarn.
A) **für** B) **auf** C) **gegen**

b) Bist du einverstanden .... meinem Vorschlag?
A) **mit** B) **um** C) **von**

c) Deutsch ist wichtig .... meine Arbeit in Deutschland.
A) **gegen** B) **für** C) **bis**

d) Ich bin sehr stolz .... meinen Sohn.
A) **auf** B) **für** C) **bis**

e) Er ist begeistert .... seinem Gitarrenlehrer.
A) **an** B) **für** C **von**

f) Wir waren traurig .... das Ende des Urlaubs.
A) **über** B) **durch** C) **bis**

g) Sie ist enttäuscht .... dem Film.
A) **mit** B) **zu** C) **von**

h) Wir sind gespannt .... die Ergebnisse.
A) **für** B) **auf** C) **bis**

B1

5 Bilden Sie Sätze und ergänzen Sie die richtigen Präpositionen.

a) Ich – interessiert – Übungsmaterialien
Ich bin interessiert an den Übungsmaterialien.

b) Luis – begeistert – seine Lehrerin
....

c) Ich – nicht – überzeugt – dein Vorschlag
....

d) Wir – stolz – du
....

e) Ich – dankbar – Ratschlag
....

f) Die Nachbarin – nett – wir
....

g) Mein großer Bruder - fertig - sein Projekt

....

h) Diese Creme - gut - deine trockene Haut

....

i) Der Fahrradfahrer - schuld - der Unfall

....

j) Eis und Schnee - typisch - diese Jahreszeit

....

k) Diese Pfanne - praktisch - große Portionen

....

B1

6 Ergänzen Sie die Sätze mit eigenen Ideen. Achten Sie auf die richtigen Präpositionen.

a) Der Regisseur ist bekannt ....

b) Ich bin ein bisschen enttäuscht ....

c) Bist du einverstanden ....

d) Wer ist schuld ....

e) Er war sehr froh ....

f) Sie ist finanziell abhängig ....

g) Ich bin sehr zufrieden ....

h) Bist du auch schon so gespannt ....

i) Sport ist gut ....

j) Wir sind schon lange fertig ....

k) Ich bin schon richtig neugierig ....

l) Sie ist sehr glücklich ....

B1

7 Ein Besuch in Berlin. Welche Präposition ist richtig? Kreuzen Sie an.

Lieber Maurizio,

gestern Nachmittag bin ich in Berlin angekommen und bin sehr begeistert (1) dieser tollen Stadt! Hier ist alles so groß und diese vielen Menschen! Berlin ist ja bekannt (2) seine Lebendigkeit und die vielen Sehenswürdigkeiten. Heute mache ich eine Bootsfahrt auf der Spree, aber eigentlich bin ich vor allem (3) dem kulturellen Angebot interessiert. Ich bin schon so gespannt (4) die vielen Museen! Und heute Abend habe ich Karten für das Theater. (5) die Vorstellung bin ich echt neugierig: Es sollen berühmte Schauspieler mitspielen.

Ach, bevor ich es vergesse: Ich habe übrigens die B1-Prüfung bestanden! Ich bin sehr zufrieden (6) dem Ergebnis und so glücklich (7) den Erfolg! Und du hast mir dabei so geholfen! Ich bin dir wirklich dankbar (8) deine Unterstützung. Das war echt total nett (9) dir, dass du mir das Übungsmaterial geliehen hast. Den Berlin-Urlaub habe ich mir wirklich verdient – und das nächste Mal fahren wir zusammen 🙂!

So – jetzt bin ich fertig (10) meinem Bericht …

Liebe Grüße und bis bald!
Deine Anna

1. A) ◯ für
   B) ◯ von
   C) ◯ über

2. A) ◯ für
   B) ◯ um
   C) ◯ mit

3. A) ◯ mit
   B) ◯ über
   C) ◯ an

4. A) ◯ über
   B) ◯ an
   C) ◯ auf

5. A) ◯ Für
   B) ◯ Von
   C) ◯ Auf

6. A) ◯ für
   B) ◯ mit
   C) ◯ auf

7. A) ◯ über
   B) ◯ für
   C) ◯ zu

8. A) ◯ für
   B) ◯ an
   C) ◯ über

9. A) ◯ um
   B) ◯ von
   C) ◯ mit

10. A) ◯ von
    B) ◯ mit
    C) ◯ für

Pronominaladverbien

Ein Pronominaladverb kann das Objekt in einem Satz ersetzen, wenn der Kontext klar ist. Es wird mit **da(r) + Präposition** gebildet:

*Bist du einverstanden **mit diesem Plan?** - Ja, **damit** bin ich einverstanden.*

Bei Präpositionen, die mit einem Vokal beginnen, wird ein -**r**- eingefügt: da**r**an, da**r**auf, da**r**über, da**r**um usw.

*Ich bin schon total neugierig **auf seinen Bericht.** - Ja, **darauf** bin ich auch schon sehr neugierig!*

B1 **8a) Wie heißt die Präposition? Wie heißt das Pronominaladverb? Notieren Sie.**

a) begeistert von / davon
b) bekannt .... / ....
c) schuld .... / ....
d) zufrieden .... / ....
e) enttäuscht .... / ....
f) einverstanden .... / ....

8b) Ergänzen Sie das richtige Pronominaladverb.

Sehr geehrte Damen und Herren,

bisher war ich immer begeistert (1) ...., wie professionell Ihr Kundendienst arbeitet. Letzte Woche ist dann jedoch etwas sehr Ärgerliches passiert. Ich hatte mich gefreut, dass das neue Handy so schnell bei mir ankam, (2) .... sind Sie ja bekannt. Allerdings war das Handy kaputt. Ich kann nicht sagen, wer schuld (3) .... ist. Ich denke aber, dass das Gerät nicht gut genug verpackt war. Sie werden verstehen, dass ich (4) .... nicht zufrieden sein kann.

Ihr Kundendienst hat bisher nicht auf meine Anfrage reagiert. (5) .... bin ich sehr enttäuscht. Ich wäre (6) .... einverstanden, wenn Sie mir das Handy innerhalb der nächsten sieben Tage ersetzen. Falls dies nicht möglich ist, bevorzuge ich eine Rückerstattung.

Mit freundlichen Grüßen
Jens Petersen

Fragewörter

Fragen nach einer **Sache** werden bei Adjektiven mit Präpositionen mit **wo(r) + Präposition** gestellt:

Wofür *ist das denn wichtig? – Das ist wichtig* ***für deine Prüfung.***

Bei Präpositionen, die mit einem Vokal beginnen, wird ein -**r**- eingefügt: wo**r**an, wo**r**auf, wo**r**über, wo**r**um usw.

Worauf *bist du so wütend? – Ich bin wütend* ***auf die schlechte Organisation!***

Bei Fragen nach einer **Person** benutzt man **Präposition + Fragewort:**

Von wem *sind die Kinder so begeistert? – Die Kinder sind* ***von ihrer neuen Lehrerin*** *begeistert.*
Auf wen *sind die Eltern stolz? – Die Eltern sind stolz* ***auf ihre Tochter.***

B1

9 Fragen Sie nach den unterstrichenen Nomen.

Nicht vergessen! Nach Personen fragt man mit Präposition + Fragewort!

a) Der Schauspieler ist bekannt für Komödien.

Wofür ist der Schauspieler bekannt?

b) Ich bin überzeugt von der Theorie.

....

c) Er ist mit der Planung einverstanden.

....

d) Du bist schuld an dieser Unordnung.

....

e) Wir sind total gespannt auf den Besuch.

....

f) Die Großeltern sind sehr nett zu ihren Enkeln.

....

g) Der Lehrer ist unzufrieden mit dieser Antwort.

....

h) Diese Unordnung ist typisch für meinen kleinen Bruder!

....

B1

10 Und jetzt Sie! Geben Sie kurze Antworten wie im Beispiel.

a) Worüber sind Sie glücklich? Über die freien Tage.

b) Worauf sind Sie stolz? ....

c) Auf wen sind Sie stolz? ....

d) Woran sind Sie interessiert? ....

e) Wovon sind Sie überzeugt? ....

f) Worauf sind Sie neugierig? ....

g) Wovon sind Sie begeistert? ....

h) Auf wen sind Sie wütend? ....

i) Worüber sind Sie traurig? ....

B1

11 Ein Interview. Unterstreichen Sie die richtigen Präpositionen, Pronominaladverbien oder Fragewörter.

● Herr Müller, Sie sind ein sehr bekannter Schauspieler in Deutschland. **(1)** *Für / Wofür / Dafür* sind Sie denn bekannt?

○ Also ich kann sagen, dass ich **(2)** *für/ dafür / wofür* meine lustigen Filme am bekanntesten bin. Ich spiele zwar auch ernste Rollen, aber **(3)** *woran / an / daran* sind die Zuschauer nicht sehr interessiert.

- Sind Sie (4) *davon / wovon / von* enttäuscht? Ich kann mir vorstellen, dass Sie sehr stolz (5) *worauf / auf / darauf* ernste Rollen sind.

○ Ja, da haben Sie recht! (6) *Auf / Darauf / Worauf* bin ich wirklich stolz! Und manchmal bin ich richtig wütend (7) *worauf / darauf / auf* Journalisten, die mich immer lustig finden. (8) *Damit / Womit / Mit* bin ich eigentlich nicht einverstanden.

- Ja, das kann ich gut verstehen! Ich glaube, dass (9) *wofür / für / dafür* Schauspieler sowohl lustige als auch ernste Filme sehr wichtig sind. Ich habe mir Ihren neuen Film angesehen und bin wirklich begeistert (10) *davon / von / wovon.* Sind Sie auch zufrieden (11) *damit / mit / womit* dem Ergebnis?

○ Ja, sehr sogar! Am Anfang war ich nicht so überzeugt (12) *von / wovon / davon* dem ganzen Projekt, aber dann wurde ich neugierig (13) *darauf / auf / worauf* die Zusammenarbeit mit dem Regisseur und den anderen Schauspielern.

- (14) *Worüber / Darüber / Über* sind Sie denn am glücklichsten?

○ Natürlich bin ich sehr glücklich (15) *worüber / über / darüber* den Erfolg des Films, aber auch (16) *über / darüber / worüber* die Freundschaft mit dem Regisseur und den Kollegen! (17) *Für / Wofür / Dafür* bin ich wirklich sehr dankbar.

- Herr Müller, vielen Dank, dass Sie sich Zeit genommen haben! Wir sind nun fertig (18) *mit / damit / womit* dem Interview. Alles Gute für Sie und wir sind sehr gespannt (19) *darauf / auf / worauf* Ihren nächsten Film!

○ Danke!

7 | Lokale Präpositionen

- Lokale Präpositionen können einen Ort oder eine Richtung angeben. Das haben Sie in Kapitel 3 „Wechselpräpositionen" bereits kennengelernt.

  Das folgende Kapitel behandelt lokale Präpositionen noch etwas genauer. Es geht darum, ***woher*** jemand oder etwas kommt, ***wo*** jemand oder etwas ist und ***wohin*** jemand fährt oder geht.

Woher?

- Präpositionen: ***aus - von***
- immer mit Dativ

Woher kommen Sie?		
aus	**Städte, Länder, Kontinente:**	Aus Hamburg. Aus Deutschland. Aus der Türkei. Aus den USA. Aus Europa.
	Himmelsrichtungen:	Aus dem Norden / Süden / Osten / Westen.
	Räume, Orte, Natur:	Aus dem Zimmer. Aus dem Haus. ABER: Von zu Hause. Aus dem Garten. Aus dem Gebirge. Aus dem Wald.
von	**Wasser, Inseln:**	Vom See. Vom Meer. Vom Strand. Von Kreta. Von Mallorca.
	Natur:	Von der Wiese. Vom Feld.
	Firmen, Geschäfte:	Von Siemens. Vom Supermarkt. Von der Metzgerei.

Woher kommen Sie?		
von	**Personen:**	Von Hanna und Linus. Vom Nachbarn. Von den Großeltern.
	Aktivitäten:	Vom Sport. Von der Gitarrenstunde.

Wo?

- Präpositionen: ***in - an - auf - bei***
- immer mit Dativ

Wo sind Sie?			
in	**Städte:**	In München. In Istanbul. In Stockholm.	
	Bundesländer, Regionen:	In Bayern/Schleswig-Holstein. In der Bretagne.	
	Länder, Kontinente:	***Ohne Artikel*** In Deutschland. In Afrika.	***Mit Artikel*** In der Türkei. In den USA.
	Himmelsrichtungen:	Im Norden / Süden / Osten / Westen.	
	Räume, Gebäude, Orte:	Im Haus. Im Wohnzimmer. Im Supermarkt. Im Kino. Im Theater. Im Garten. Im Schwimmbad.	ABER: Zu Hause.
	Natur:	Im Wald. Im Gebirge. In den Bergen.	

	Wo sind Sie?	
an	**Kontakt, Wasser:**	An der Haltestelle. Am See. Am Strand. Am Meer. Am Ufer.
auf	**Inseln, Natur, Plätze, Märkte, sonstige Orte:**	Auf Kreta. Auf Rügen. Auf dem Berg. Auf dem Parkplatz. Auf dem Dach. Auf dem Turm. Auf dem Marktplatz. Auf dem Flohmarkt / Wochenmarkt.
	Ereignisse:	Auf einer Hochzeit. Auf einer Party. Auf einer Geburtstagsfeier. Auf einem Fest.
bei	**Personen, Firmen, Geschäfte, Aktivitäten:**	Bei Julia. Bei den Eltern. Beim Friseur. Beim Bäcker. Bei der Apotheke. Beim Zahnarzt. Beim Schwimmen. Bei C&A.

Wohin?

- Präpositionen: ***nach - in - an - auf*** **mit Akkusativ**
- ***zu*** **mit Dativ**

Wohin gehen oder fahren Sie?				
nach/ in	**Städte, Inseln (ohne Artikel):**	Nach München. Nach Rom. Nach Paris. Nach Mallorca. Nach Rügen. Nach Zypern.		
	Länder, Kontinente:	***Ohne Artikel*** Nach Spanien. Nach Italien. Nach Schweden. Nach Russland.	***Mit Artikel*** In die Schweiz. In die Niederlande. In den Iran. In die Karibik.	
	Himmelsrichtungen:	***Richtung allgemein*** Nach Norden. Nach Süden. Nach Osten. Nach Westen.	 ABER:	***Richtung mit Ziel*** In den Norden. In den Süden. In den Osten. In den Westen.
in	**Räume, Gebäude:**	Ins Haus. Ins Wohnzimmer. Ins Kino. Ins Theater. In die Schule.	ABER: ABER: ODER:	Nach Hause. Zum Kino. Zum Theater. Zur Schule.
an / zu	**Kontakt, Wasser:**	An den See. Ans Meer. An den Strand.	ODER:	Zum See. Zum Meer. Zum Strand.

Wohin gehen oder fahren Sie?				
auf / zu	**Natur, Inseln (mit Artikel), sonstige Orte:**	Auf den Berg. Auf die Malediven / die Seychellen. Auf die Osterinseln / die Azoren. Auf die Shetlandinseln. Auf den Parkplatz. Auf den Sportplatz. Auf den Markt.	 ODER:	 Zum Parkplatz. Zum Sportplatz. Zum Markt.
	Ereignisse:	Auf eine Geburtstagsfeier. Auf eine Party. Auf eine Hochzeit.	ODER:	Zu einer Geburtstagsfeier. Zu einer Party. Zu einer Hochzeit.
zu	**Personen, Firmen, Geschäfte, Aktivitäten:**	Zu Sebastian. Zur Arbeit. Zum Bäcker. Zum Supermarkt. Zur Haltestelle. Zum Zahnarzt. Zum Friseur. Zum Fußballtraining.	 ODER:	 In die Arbeit.

Alternativen und Unterschiede mit Präpositionen ausdrücken

Manchmal können unterschiedliche Präpositionen eine **Alternative** ausdrücken, wie man etwas auch sagen kann. Die Bedeutung ändert sich dabei ***nicht:***

Ich gehe ***auf den Markt.*** = *Ich gehe* ***zum Markt.***
Sie fahren ***ans Meer.*** = *Sie fahren* ***zum Meer.***
Die Kinder gehen ***in die Schule.*** = *Die Kinder gehen* ***zur Schule.***

Man kann mit verschiedenen Präpositionen aber auch **Unterschiede** deutlich machen. In diesen Fällen ändert sich die Bedeutung:

Himmelsrichtungen:

Allgemeine Richtung:
*Sie fahren im Auto und biegen rechts ab. Dann fahren Sie die Hauptstraße **nach Süden.***

ABER:

Richtung mit Ziel:
*Sie haben Urlaub und fahren mit ihrer Familie **in den Süden,** nämlich nach Italien.*

Gebäude:

Woher?

*Sie kommen **von zu Hause.** Und jetzt sind Sie im Büro.*

ABER: *Sie kommen **aus dem Haus.** Und jetzt stehen Sie vor dem Haus.*

Wo?

*Sie sind jetzt **zu Hause.** Vorher waren sie beim Einkaufen.*

ABER: *Sie sind **im Haus.** Und nicht draußen im Garten.*

Wohin?

*Sie sind fertig mit der Arbeit und fahren **nach Hause.***

ABER: *Sie sind im Garten und gehen gleich **ins Haus.***

*Wir gehen **ins Kino** und schauen einen Film.*

ABER: *Wir laufen **zum Kino** und bleiben davor stehen.*

Präpositionen für Wegbeschreibungen

Mithilfe von Präpositionen können Sie Wege beschreiben. Das haben Sie auch bereits in Kapitel 3 „Wechselpräpositionen" kennengelernt.

Weitere wichtige Präpositionen für Wegbeschreibungen sind:

Präposition	Kasus	Beispiel
entlang	Akkusativ	Gehen Sie die Hauptstraße ***entlang*** immer geradeaus. (***entlang*** steht immer **hinter** dem Nomen!)
um ... herum	Akkusativ	Fahren Sie einmal **um** das Gebäude ***herum,*** dann kommen Sie auf den richtigen Weg.
an ... vorbei	Dativ	Gehen Sie ***an*** der Post ***vorbei,*** dahinter ist das Kino.
gegenüber von	Dativ	***Gegenüber vom*** Kino ist ein Bäcker.
innerhalb	Genitiv	Sie müssen eine Weile ***innerhalb*** der Stadt fahren.
außerhalb	Genitiv	Wenn Sie ***außerhalb*** der Stadt sind, kommen sie schnell auf die Autobahn.

A1/A2

1a) Woher? Ergänzen Sie die Präpositionen *aus* oder *von.* Beachten Sie auch die Kurzformen!

a) .... Afrika
b) .... See
c) .... Köln
d) .... der Küche
e) .... Fußballtraining
f) .... den USA
g) .... der Arbeit
h) .... Susanne
i) .... dem Garten
j) .... der Wiese
k) .... dem Süden
l) .... Korsika

1b) Woher kommen die Personen? Bilden Sie Sätze.

a) David – Spanien: David kommt aus Spanien.
b) Tim – USA: ....
c) Laure – Büro: ....
d) Ruth – Friseur: ....
e) Melanie – Hamburg: ....
f) Katrin – Süddeutschland: ....
g) Anne – Chorprobe: ....

h) Carol - Supermarkt: ....

i) Franziska - See: ....

j) Sebastian - Norden: ....

k) Susanne - Garten: ....

l) Kinder - Wiese: ....

A1/A2

2a) Wo? Ergänzen Sie die Präpositionen *in, an, auf* oder *bei*. Beachten Sie auch die Kurzformen.

Manchmal gibt es mehrere Möglichkeiten!

a) auf/bei einer Party	f) .... Zahnarzt	k) .... Kino
b) .... Iran	g) .... Rossmann	l) .... Mallorca
c) .... Supermarkt	h) .... Berlin	m) .... Westen
d) .... dem Sportplatz	i) .... Schweden	n) .... einer Hochzeit
e) .... Meer	j) .... meinem Freund	

2b) Wo sind die Personen? Ergänzen Sie die Präpositionen.

a) Eva und Louisa sind heute Abend .... einer Geburtstagsfeier.

b) Robert ist .... einem Freund.

c) John steht .... dem Parkplatz und wartet auf seine Frau.

d) Britta ist heute krank und ist .... Arzt.

e) Franziska ist .... Hause .... Berlin.

f) Anne ist .... ihrer Chefin.

g) Ruth wartet .... der Bushaltestelle auf Carol.

h) Svenja lebt jetzt .... Bali.

i) Melanie sitzt .... Arbeitszimmer und schreibt Texte.

j) Moritz ist .... Norden von Norwegen.

A1/A2 **3a) Wohin? Ergänzen Sie die Präpositionen *nach, in, an, auf* und *zu*. Beachten Sie den Akkusativ und den Dativ.**

Einmal gibt es zwei Möglichkeiten!

a) .... München	e) .... den Wald	i) .... Metzger
b) .... Italien	f) .... den Keller	j) .... Krankenhaus
c) .... die Niederlande	g) .... den Strand	k) .... ein Fest
d) .... Sizilien	h) .... den Markt	l) .... Osten

3b) Wohin gehen oder fahren die Personen? Bilden Sie Sätze und ergänzen Sie die Präpositionen. Manchmal gibt es zwei Möglichkeiten.

a) Laura - fahren - See

Laura fährt an den See.

....

b) Hanna - gehen - Schule

....

....

c) Mein Vater - fahren - Arbeit

....

....

d) Tim und Franziska - gehen - Party

....

....

e) Ich - gehen - Berge

....

f) Mein Bruder - fliegen - London

....

g) Frau Müller - gehen - Friseur

....

h) Herr Schulz - fahren - Supermarkt

....

i) Die Familie - fahren - Frankreich

....

j) Die Kinder - gehen - Schwimmbad

....

A1/A2

4a) *Haus* und *Hause.* Wie heißen die richtigen Präpositionen?

Woher kommst du?	**Wo bist du?**	**Wohin gehst du?**
a) .... Hause.	c) .... Hause.	e) .... Hause.
b) .... dem Haus.	d) .... Haus.	f) .... Haus.

4b) Himmelsrichtungen. *Nach* oder *in?* Wann benutzen Sie welche Präposition?

a) Sie fahren im Auto und biegen rechts ab. Dann fahren Sie die Hauptstraße .... Westen.

b) Sie haben Urlaub und fahren mit ihrer Familie .... den Westen, nämlich nach Frankreich.

A1/A2

5 *Woher? Wo? Wohin?* Ergänzen Sie die richtige Präposition.

a) Jasmina kommt .... dem Irak. Jetzt lebt sie .... Deutschland. Im Sommer fährt sie .... einer Freundin .... Hannover.

b) Ich komme gerade .... Hause. .... Hause sind alle krank! Bevor ich wieder .... Hause fahre, muss ich noch .... Apotheke.

c) Was ist denn das für ein Lärm? Der kommt .... dem Wohnzimmer. Und was ist eigentlich .... Kinderzimmer los? Nur Chaos! Ich muss mal .... die Küche und einen Tee kochen. Was für ein Tag!

d) Schau mal, das sind Erdbeeren .... unserem Garten! Ich liebe den Sommer! Heute war ich lange .... Wald und morgen fahre ich .... die Berge.

e) Also ich mag das Meer viel lieber. Aber ich komme ja auch .... einer Insel. Im Sommer bin ich jeden Tag .... Wasser und .... Strand. Auch bei schlechtem Wetter fahre ich oft .... Meer.

f) Jens kommt gerade .... Friseur. Jetzt sieht er richtig gut aus. Er macht einen kleinen Stopp .... seinem Freund, aber dann möchte er schnell weiter .... seiner Freundin.

g) Eva kommt sehr spät .... einer Geburtstagsfeier .... Hause. Morgen ist sie schon wieder .... einer Party! Und am nächsten Tag muss sie sehr früh .... Arbeit.

Wegbeschreibungen

B1 **6 Wie kommen Sie wohin? Ergänzen Sie die Präpositionen.**

**an ... vorbei – innerhalb – um ... herum – durch –
außerhalb – gegenüber von – entlang**

- Entschuldigen Sie bitte, wo ist denn hier der nächste Supermarkt?
- Also das ist ganz einfach: Am besten gehen Sie jetzt direkt (1) .... den Park. Das geht am schnellsten. Wir sind ja hier (2) .... des Zentrums. Dann gehen Sie immer geradeaus die Straße (3) .... und (4) .... den Kleingärten (5) ....

- Okay, aber wie weit ist das denn?
- Ach, das ist gar nicht so weit! Wenn Sie dann in der Ortsmitte sind, kommen Sie auf einen Platz. (6) .... den Platz (7) .... sind ganz viele Geschäfte. (8) .... Schuhgeschäft ist ein kleiner Supermarkt. Das sehen sie dann schon. (9) .... des Supermarktes gibt es auch einen Bäcker und einen Metzger.
- Super, alles klar! Vielen Dank!
- Gerne!

B1

7 Ergänzen Sie die Sätze mit eigenen Ideen.

a) durch: Am Wochenende jogge ich oft ....

....

b) entlang: Ich gehe mit meinem Hund ....

.... spazieren.

c) um ... herum: Die Kinder rennen ....

....

d) an ... vorbei: Der Bus fährt ....

....

e) gegenüber von: Die Bibliothek liegt...

....

f) außerhalb: .... kann man ....

....

g) innerhalb: .... gibt es ....

....

8 | Temporale Präpositionen

- Mit temporalen Präpositionen kann man ausdrücken, ***wann*** und ***wie lange*** etwas ist.

  Diese Präpositionen geben einen **Zeitpunkt** an: ***um - am - an - im - in***

Präposition	Kasus	Zeitpunkt / Zeitraum	Beispiel
um	Akkusativ	Uhrzeit	***um*** 8:00 Uhr, ***um*** 12:15 Uhr auch: ***um*** Mitternacht
am	Dativ	Tag	***am*** Dienstag, ***am*** Freitag, ***am letzten*** Wochenende
		Tageszeit	***am*** Morgen, ***am*** Mittag, ***am*** Abend **aber:** ***in*** der Nacht
		Datum	***am*** 24. Dezember, ***am*** 4. 5.
an	Dativ	Fest, Feiertag	***an*** Weihnachten, ***an*** Silvester, ***an*** Neujahr, ***an*** Ostern, ***an*** Pfingsten, ***an*** Halloween
im	Dativ	Jahreszeit	***im*** Frühling, ***im*** Sommer, ***im*** Herbst, ***im*** Winter
		Monat	***im*** April, ***im*** Juli, ***im*** Oktober, ***im*** Dezember
		Zeitraum	***im*** Mittelalter, ***im*** 19. Jahrhundert
in		Zeitraum	***in*** den Ferien, ***in*** der ersten Jahreshälfte, ***in*** der kurzen Pause, ***in*** der Osterwoche ***in*** den 1950er Jahren
gegen	Akkusativ	ungefähre Zeitangabe	***gegen*** 1950, ***gegen*** 13:30 Uhr, ***gegen*** Mittag / Nachmittag / Abend
ohne Präposition		Jahreszahl	1999, 2020
ohne Präposition		adverbiale Zeitangabe	heute, morgen, gestern, vorgestern, übermorgen

- Mit diesen Präpositionen kann man sagen, ***wann*** etwas **anfängt** oder **aufhört** und **wie lange** etwas dauert:

Präposition	Kasus	Anfang / Ende / Dauer	Beispiel
bis	Akkusativ	Ende	Ich muss das ***bis*** heute Abend fertig haben.
für	Akkusativ	Dauer	Er bleibt ***für*** 3 Jahre in den USA.
über	Akkusativ	Dauer	Die Piloten streiken schon ***über*** 2 Wochen. (= länger als 2 Wochen)
ab	Dativ	Anfang, Beginn	***Ab*** dem 1. Januar esse ich keine Schokolade mehr.
bei	Dativ	gleichzeitig	***Beim*** Lernen hört sie Musik.
bis zu	Dativ	Ende	***Bis zum*** Wochenende wird es regnen.
im / in	Dativ	Zeitpunkt in der Zukunft	***Im*** Sommer fahren wir ans Meer. Wir sehen uns ***in*** 3 Wochen.
nach	Dativ	Zeitpunkt	Das kann ich erst ***nach*** meinem Urlaub machen. ***Nach*** dem Essen habe ich 20 Minuten geschlafen.
seit	Dativ	Anfang in der Vergangenheit / Dauer	Er lernt ***seit*** einem Jahr Deutsch.
vor	Dativ	Zeitpunkt	***Vor*** der Pause müssen wir das noch fertigmachen.
		Dauer	Das habe ich dir schon ***vor*** einer Woche gesagt.
von … an	Dativ	Anfang, Beginn	***Von*** morgen ***an*** esse ich keine Schokolade mehr.

Präposition	Kasus	Anfang / Ende / Dauer	Beispiel
von … bis (zu)	Dativ	Dauer	***Von*** September ***bis*** Mai ist das Freibad geschlossen. Er arbeitet ***von*** morgens ***bis*** abends in einer Bäckerei. ***Von*** den Weihnachtsferien ***bis*** zu den Osterferien haben wir keine Termine.
vom … bis zum	Dativ		Vom 11.3. ***bis zum*** 25.3. ist das Geschäft wegen Umbau geschlossen.
zwischen	Dativ	Dauer	***zwischen*** der 1. und der 3. Stunde ***zwischen*** dem 1. und dem 7. Juni
außerhalb	Genitiv	nicht in einem bestimmten Zeitraum	Der Arzt ist ***außerhalb*** der Sprechstunde nicht zu sprechen.
innerhalb	Genitiv	unbestimmter Zeitpunkt in einem Zeitraum	Wir kommen ***innerhalb*** der nächsten Stunde.
während	Genitiv	gleichzeitig	***Während*** des Essens klingelt das Telefon.

A1/A2

1a) Wann sehen wir uns wieder? Ordnen Sie die Angaben aus dem Wortspeicher den Präpositionen in der Tabelle zu.

morgen – 12. April – Weihnachten – Mittag – 2025 – Sommer – heute – Mitternacht – Ostern – Wochenende – Donnerstag – 15:30 Uhr (2x) – den Sommerferien – Herbst – August

am		gegen	
an		um	
im		ohne Präposition	
in			

1b) Beantworten Sie die Fragen.

a) Wann sind Sie geboren?

Datum: am 30.10.

Tag: ....

Monat: ....

Jahreszeit: ....

b) Wann kommen Sie nach Hause?

Uhrzeit: ....

Tag: ....

c) Wann haben Sie Urlaub?

Monat: ....

Jahreszeit: ....

d) Wann ist der Termin?

adverb. Zeitangabe: ....

Uhrzeit: ....

Datum: ....

Tag: ....

e) Wann siehst du deine Eltern?

Fest, Feiertag: ....

Monat: ....

f) Wann heiratet deine Schwester?

Jahreszeit: ....

Datum: ....

A1/A2 **2 *Seit* oder *vor?* Entscheiden Sie und streichen Sie die falsche Präposition durch.**

Enzo ist ~~seit~~/vor fünf Jahren nach Deutschland gekommen. Er lernt seit/vor vier Jahren Deutsch. Seit/Vor einem Jahr hat er eine Stelle im Krankenhaus bekommen, denn Enzo ist Arzt. Seit/Vor vielen Jahren hat er in Italien Medizin studiert. Seit/Vor zwei Jahren ist er außerdem verheiratet.

A2 **3 *Ab, von ... an, bis, seit.* Ergänzen Sie die Präpositionen.**

a) Mein Freund Parwaiz lebt .... 2015 in Deutschland. .... vier Jahren lernt er Deutsch. Jetzt spricht er schon richtig gut.

b) Ich bin total gestresst! .... morgen muss ich die Aufgabe fertig haben. Mein Chef ist sonst echt sauer.

c) .... dem neuen Jahr gehe ich regelmäßig zum Sport. So geht das nicht weiter!

d) .... morgen .... esse ich kein Fleisch mehr. Ob ich das schaffe?

e) Der Arzt hat .... 8:00 Uhr Sprechstunde.

f) Wie lange dauert der Film eigentlich? - .... 22:30 Uhr.

g) .... heute Morgen habe ich Bauchschmerzen! Das ist nicht schön!

h) .... Montag .... ist das Geschäft wegen Renovierung geschlossen.

A2

4 *Vor, nach, im* oder *in?* Kreuzen Sie die richtige Präposition an.

Ich sitze in meinem Büro und habe (1) einer Woche Urlaub. Ich überlege: Was muss ich (2) und was kann ich (3) meinem Urlaub machen? Also, die Präsentation ist fertig, die habe ich schon (4) zwei Wochen gemacht. Gott sei Dank! (5) zwei Tagen möchte mein Chef außerdem das Zeugnis für die Kollegin haben. Das muss ich noch schreiben. Und was ist eigentlich mit dem Terminplan? Ach, der hat noch Zeit. Den kann ich auch (6) dem Urlaub machen! Und wann kann ich endlich ausschlafen? Richtig: (7) Urlaub!

1. A) ◯ in B) ◯ nach C) ◯ im
2. A) ◯ nach B) ◯ in C) ◯ vor
3. A) ◯ nach B) ◯ im C) ◯ in
4. A) ◯ im B) ◯ nach C) ◯ vor
5. A) ◯ Im B) ◯ In C) ◯ Nach
6. A) ◯ vor B) ◯ nach C) ◯ im
7. A) ◯ in B) ◯ nach C) ◯ im

A2

5 *Von ... bis, vom ... bis zum.* Notieren Sie wie im Beispiel.

a) Montag - Freitag: von Montag bis Freitag

b) 24.12. - 31.12.: ....

c) März - Oktober: ....

d) 2010 - 2020: ....

e) 1. - 3. Stunde: ....

f) morgens - abends: ....

A2

6 *Für, über, zwischen?* Kreuzen Sie die richtige Präposition an.

a) Wir essen * 18:00 Uhr und 20:00 Uhr zu Abend.

◯ für ◯ über ◯ zwischen

b) Wann kommt denn endlich der Arzt? Ich warte schon * eine Stunde!

◯ für ◯ über ◯ zwischen

c) Er fliegt * 2 Wochen in die Türkei.

◌ für ◌ über ◌ zwischen

d) Dieses Angebot gilt nur noch * kurze Zeit.

◌ für ◌ über ◌ zwischen

e) * den zwei Meetings muss ich das Protokoll schreiben.

◌ Für ◌ Über ◌ Zwischen

f) Es kann heute etwas später werden. Ich stehe schon * eine Stunde im Stau.

◌ für ◌ über ◌ zwischen

B1

7 *Bei* und *während*. Was passiert gleichzeitig? Bilden Sie Sätze wie im Beispiel.

Beachten Sie: *bei* + Dativ, ***während*** + Genitiv!

a) Er frühstückt. Er liest Zeitung. (das Frühstück)

Beim Frühstück liest er Zeitung.

Während des Frühstücks liest er Zeitung.

b) Sie kochen. Sie unterhalten sich. (das Kochen)

....

....

c) Sie putzt. Sie hört Musik. (das Putzen)

....

....

d) Er sieht fern. Er telefoniert. (das Fernsehen)

....

....

e) Wir arbeiten. Wir lachen sehr viel. (die Arbeit)

....

....

f) Sie fährt Auto. Sie darf nicht telefonieren. (das Autofahren)

....

....

....

....

g) Er macht Sport. Er schwitzt stark. (der Sport)

....

....

B1

8 *Außerhalb* und *innerhalb*. Ergänzen Sie die richtige Präposition.

a) Warum geht niemand ans Telefon? – Wahrscheinlich rufst du .... der Sprechstunde an.

b) Wann muss das fertig sein? - .... einer Woche.

c) Wann kommst du denn nach Hause? - .... der nächsten halben Stunde.

d) Am besten treffen wir uns mal .... der Bürozeiten. Dann können wir in Ruhe reden.

e) .... eines Tages hatte sie den Umzug organisiert.

f) Die Tiefgarage ist .... der Öffnungszeiten geschlossen.

Lösungen

1 | Präpositionen mit Akkusativ

1a) a) um den See; b) bis nächste Woche; c) Ohne ihn; d) für dich; e) gegen die Tür

1b) Die Präpositionen *durch, um, bis, ohne, für* und *gegen* stehen immer mit *Akkusativ!*

2 b) für, c) Ohne, d) gegen, e) durch, f) um

3 b) um den, c) um, d) für die, e) ohne, f) für die, g) gegen, h) durch die, i) bis

4 b) durch den Wald, c) um den See, d) bis Augsburg, e) gegen die Tür, f) für meinen Vater, g) Ohne meine Brille

5 b) durch, c) gegen, d) bis, e) für, f) Ohne, g) durch, h) Für, i) um, j) bis, k) ohne, l) gegen, m) bis

2 | Präpositionen mit Dativ

1a)
- ● Sag mal Julian, wie kommst du eigentlich jeden Tag zur Schule?
- ○ Manchmal fahre ich mit dem Bus, manchmal mit dem Fahrrad.
- ● Das ist praktisch. Seit wann hast du ein Fahrrad?
- ○ Seit einem Monat. Es war ein Geschenk von meinen Eltern zum Geburtstag. Ich fahre oft nach der Schule zu meinen Freunden. Mit dem Fahrrad ist das leichter als mit dem Bus.
- ● Und was machst du heute nach der Schule?
- ○ Da fahre ich zu meinen Großeltern, bei ihnen gibt es heute mein Lieblingsessen.
- ● Wohnen deine Großeltern weit weg?
- ○ Nein, sie sind letztes Jahr aus der Stadt zu uns gezogen.

1b) Die Präpositionen *zu, mit, seit, von, nach, bei* und *aus* stehen immer mit *Dativ!*

2 b) C), c) A), d) C), e) A), f) B), g) B)

3 b) Mit, c) seit, d) von, e) aus, f) bei, g) mit, h) Nach, i) zu

4 a) Nach - zum, b) Seit - seit - seit, c) mit - mit, d) Von - von - zum, e) zu - mit, f) zu - zum, g) Mit - Mit - seit, h) bei, i) beim, j) aus

3 | Wechselpräpositionen

1 b) in, c) zwischen, d) auf, e) unter, f) hinter, g) vor, h) an, i) über

2 Lösungsvorschläge:
b) Die Tasse steht zwischen dem Laptop und der Flasche. – c) Die Bücher liegen auf dem Tisch. – d) Die Jacke hängt über dem Stuhl. – e) Die Bilder hängen an der Wand. – f) Die Schuhe stehen unter dem Tisch. – g) Die Lampe steht hinter dem Stuhl. – h) Die Flasche steht auf dem Tisch. – i) Der Tisch steht zwischen den Stühlen. – j) Die Katze sitzt hinter dem Stuhl.

3 b) in den, c) auf den, d) zwischen die, e) über das, f) vor die, g) unter den, h) neben das, i) hinter das

4 b) Ich habe das Fahrrad neben die Garage gestellt. – c) Die Katze hat sich auf das Sofa gelegt. – d) Der Hund hat sich unter den Tisch gelegt. – e) Wir hängen das Bild an die Wand. – f) Wir hängen die Lampe über den Küchentisch. – g) Du sollst dich zwischen uns setzen. – h) Er hat die Mütze hinter den Koffer gelegt. – i) Er hat das Auto vor das Haus gefahren.

5 2 c), 3 b), 4 e), 5 i), 6 d), 7 h), 8 g), 9 a)

6a)

	Nominativ	**Akkusativ**	**Dativ**
Schule	die	die	der
Parkplatz	der	den	dem
Theater	das	das	dem
Park	der	den	dem
Straße	die	die	der
Café	das	das	dem
Bank	die	die	der
Museum	das	das	dem
Kino	das	das	dem
Weg	der	den	dem
Hotel	das	das	dem
Post	die	die	der
Bahnhof	der	den	dem
Kiosk	der	den	dem
Haltestelle	die	die	der

6b) b) Die Bank ist zwischen dem Hotel und der Post. – c) Auto A fährt in den Gärtnerweg. – d) Der Parkplatz ist hinter dem Hotel. – e) Auto B steht vor dem Museum. – f) Auto C fährt auf den Parkplatz. – g) Der Park ist neben dem Kino. – h) Die Haltestelle ist vor dem Bahnhof. – i) Der Bus fährt in die Langestraße.

7 b) Wo, c) Wohin, d) Wo, e) Wohin, f) Wohin, g) Wohin, h) Wo, i) Wo, j) Wo, k) Wohin, l) Wo, m) Wohin, n) Wohin, o) Wo, p) Wo, q) Wohin

4 | Präpositionen mit Genitiv

1a) b) Wegen meines Umzugs, innerhalb der nächsten Tage, während dieser Zeit; c) trotz der bekannten Mängel; d) außerhalb der Öffnungszeiten

1b) Die Präpositionen *wegen, innerhalb, während, trotz* und *außerhalb* stehen mit *Genitiv.*

2 a) Innerhalb des Schulgebäudes dürft ihr eure Smartphones nicht benutzen. – b) Ich werde innerhalb des nächsten Jahres befördert. – c) Er liebt das ruhige Leben außerhalb großer Städte. – d) Innerhalb der historischen Altstadt ist das Parken verboten. – e) Bitte überweisen Sie den Betrag innerhalb eines Monats. – f) Außerhalb der Öffnungszeiten ist niemand im Geschäft.

3a) a) C), b) D), c) A), d) B)

3b) b) Während des Lesens höre ich Musik. – c) Während des Aufräumens denke ich an meinen Freund. – d) Während des Badens lerne ich Vokabeln. – e) Während des Essens unterhalte ich mich mit Kollegen. – f) Während des Joggens singe ich ein Lied.

4 a) Das Flugzeug konnte nicht landen, weil es sehr stürmisch war. – b) Es kommt zu Chaos im Straßenverkehr, obwohl die Straßen trocken sind. – c) Ich kann mich nicht konzentrieren, weil ich starke Kopfschmerzen habe. – d) Er hat die Prüfung nicht bestanden, obwohl er sich sehr angestrengt hat.

5a) b) Wegen des Schnees ..., c) Wegen einer Grippe ..., d) Wegen der Hitze ...

5b) b) Trotz der Kälte ..., c) Trotz der Hitze ..., d) Trotz des Regens ...

6 b) Wegen einer technischen Störung hatte der Zug Verspätung. – c) Innerhalb des Bürogebäudes ist das Rauchen nicht erlaubt. – d) Außerhalb der Stadt sind die Mieten billiger. – e) Während des Abendessens mache ich meine Hausaufgaben. – f) Innerhalb der nächsten Stunde kann ich die Aufgabe erledigen. – g) Trotz des Regens will ich spazieren gehen.

7 b) wegen eines Staus, c) innerhalb einer Stunde, d) Außerhalb der Sprechzeit, e) trotz einer Erkältung

8 b) Trotz der bekannten Gefahren nehmen die Autofahrer den üblichen Weg zur Arbeit. – c) Während des Berufsverkehrs führt das zu langen Staus. – d) Außerhalb der Stadt sorgt das Wetter für Chaos. – e) Wegen des starken Windes haben die Flüge Verspätung. – f) Innerhalb der nächsten Stunden soll das Wetter besser werden.

5 | Verben mit Präpositionen

1a) und b)

A)
- Guten Tag! Kann ich Ihnen helfen?
- Ja, gerne. Ich interessiere mich für den blauen Anzug. Hätten Sie den auch in Größe 50?
- Einen Moment bitte, ich erkundige mich schnell bei meiner Kollegin. (...) Leider spricht sie momentan mit einem anderen Kunden, aber vielleicht kann ich Ihnen bei Ihrer Suche helfen. Lassen Sie mich kurz ...
- Das ist nett, aber ich habe mich nun doch für den schwarzen Anzug entschieden. Ich danke Ihnen für Ihre Hilfe!
- Sehr gerne!
- Ach eine Frage noch: Kann man bei Ihnen mit Kreditkarte bezahlen?
- Aber natürlich, das ist kein Problem.

B)
- Wann triffst du dich mit deiner Freundin?
- Wir treffen uns morgen um 15:00 Uhr, ich freue mich schon sehr auf diese Verabredung! Ich möchte ihr von meiner neuen Arbeit und unserer schönen Wohnung erzählen. Wir haben uns so lange nicht gesehen!
- Ist sie eine enge Freundin?
- Ja! Ich verstehe mich sehr gut mit ihr!

1c) **Verben mit Akkusativ:** sich interessieren für, sich entscheiden für, sich freuen auf
Verben mit Dativ: sich erkundigen bei, sprechen mit, helfen bei, danken für, bezahlen mit, sich treffen mit, erzählen von, sich verstehen mit

2a) an: zweifeln, sich erinnern; auf: antworten, warten; bei: sich bedanken, helfen; für: sich entscheiden; gegen: sich entscheiden; in: sich verlieben; mit: aufhören, sprechen, sich streiten, diskutieren; nach: fragen; über: sich streiten, diskutieren; um: sich kümmern, bitten; von: träumen, sprechen; vor: warnen; zu: einladen

2b) b) G), c) F), d) I), e) A), f) C), g) D), h) B), i) H)

3 b) Er freut sich auf den Urlaub. – c) Ich freue mich über die Geschenke. – d) Wir entschuldigen uns für den Fehler. – e) Er beschwert sich über den schlechten Kundendienst. – f) Die Reisenden erkundigen sich nach dem Bus. – g) Wann beginnst du mit der Arbeit?

4 b) über das Projekt, c) auf den Bus, d) über den Vorschlag, e) vor Einbrechern, f) auf die Frage, g) beim Aufräumen, h) mit dem Rauchen, i) an den Fähigkeiten

5 Individuelle Lösung

6 1 C), 2 A), 3 B), 4 A), 5 B), 6 C), 7 B), 8 A), 9 C)

7a) daran, darauf, dafür, dagegen, damit, danach, darüber, davon, davor, dazu

7b) b) Sie bedankt sich dafür. – c) Meine Oma erzählt oft davon. – d) Er denkt viel darüber nach. – e) Wir haben schon damit angefangen. – f) Sie hat danach gefragt. – g) Ich bin wirklich dagegen. – h) Wir glauben nicht mehr daran. – i) Der Wetterbericht warnt davor. – j) Ich möchte dich dazu einladen.

8 1) an, 2) daran, 3) darüber, 4) darüber, 5) daran, 6) auf sie, 7) darauf, 8) mit mir

9a) woran, worauf, wobei, wofür, wogegen, worin, womit, wonach, worüber, worum, wovon, wovor, wozu

9b) b) Worum kümmert ihr euch? – c) Wofür interessiert sie sich? – d) Worauf freuen sie sich? – e) Mit wem triffst du dich später? – f) Womit bezahlt sie? – g) Auf wen wartet er?

10 b) Worüber – über; c) Mit wem – mit; d) Von wem – von; e) Wovor – vor; f) Worüber – über

11 (2) dabei, (3) Darüber, (4) darüber, (5) Womit, (6) mit, (7) darüber, (8) zu, (9) zu, (10) Darüber, (11) dagegen, (12) über, (13) darauf, (14) Wofür, (15) Worüber, (16) für, (17) Wofür, (18) mit, (19) mit, (20) Woran, (21) an

6 | Adjektive mit Präpositionen

1 an: interessiert, schuld; auf: gespannt, neugierig, stolz, wütend; für: bekannt, dankbar, gut, praktisch, typisch, wichtig; gegen: gut; mit: einverstanden, fertig, zufrieden; über: froh, glücklich, traurig; von: abhängig, begeistert, enttäuscht, überzeugt; zu: lieb, nett

2a) 2) E), 3) F), 4) A), 5) B), 6) C)

2b) (Lösungsvorschläge, es gibt mehrere Möglichkeiten)
b) Ich bin stolz auf meine Kinder. – c) Er ist traurig über das Wetter. – d) Ich bin gespannt auf das Buch. – e) Sie sind wütend auf ihre Nachbarn. – f) Das ist wichtig für die Prüfung. – g) Er ist bekannt für viele Filme.

3a) a) mit, b) zu, c) von, d) von, e) mit

3b) (Lösungsvorschläge, es gibt mehrere Möglichkeiten)
b) Bist du einverstanden mit dem Plan? – c) Er war enttäuscht vom Ergebnis. – d) Ich bin überzeugt von der Idee. – e) Wer ist schuld am Unfall? – f) Es ist abhängig von der Arbeit. – g) Sie ist interessiert an Büchern. – h) Er ist zufrieden mit der Musik.

4 b) A), c) B), d) A), e) C), f) A), g) C), h) B)

5 b) Luis ist begeistert von seiner Lehrerin. – c) Ich bin nicht überzeugt von deinem Vorschlag. – d) Wir sind stolz auf dich. – e) Ich bin dankbar für deinen Ratschlag. – f) Die Nachbarin ist nett zu uns. – g) Mein großer Bruder ist fertig mit seinem Projekt. – h) Diese Creme ist gut gegen deine trockene Haut. – i) Der Fahrradfahrer ist schuld an dem Unfall. – j) Eis und Schnee sind typisch für diese Jahreszeit. – k) Diese Pfanne ist praktisch für große Portionen.

6 Individuelle Lösungen

7 1) B), 2) A), 3) C), 4) C), 5) C), 6) B), 7) A), 8) A), 9) B), 10) B)

8a) b) für / dafür, c) an / daran, d) mit / damit, e) von / davon, f) mit / damit

8b) (1) davon, (2) dafür, (3) daran, (4) damit, (5) Davon, (6) damit

9 b) Wovon bist du überzeugt? – c) Womit ist er einverstanden? – d) Woran bin ich schuld? – e) Worauf seid ihr total gespannt? – f) Zu wem sind die Großeltern sehr nett? – g) Womit ist der Lehrer unzufrieden? – h) Für wen ist die Unordnung typisch?

10 Individuelle Lösungen

11 (2) für, (3) daran, (4) davon, (5) auf, (6) Darauf, (7) auf, (8) Damit, (9) für, (10) davon, (11) mit, (12) von, (13) auf, (14) Worüber, (15) über, (16) über, (17) Dafür, (18) mit, (19) auf

7 | Lokale Präpositionen

1a) a) aus, b) vom, c) aus, d) aus, e) vom, f) aus, g) von, h) von, i) aus, j) von, k) aus, l) von

1b) b) Tim kommt aus den USA. – c) Laure kommt aus dem Büro. – d) Ruth kommt vom Friseur. – e) Melanie kommt aus Hamburg. – f) Katrin kommt aus Süddeutschland. – g) Anne kommt von der Chorprobe. – h) Carol kommt vom Supermarkt. – i) Franziska kommt vom See. – j) Sebastian kommt aus dem Norden. – k) Susanne kommt aus dem Garten. – l) Die Kinder kommen von der Wiese.

2a) a) auf/bei, b) im, c) im, d) auf, e) am / im, f) beim, g) bei, h) in, i) in, j) bei, k) im/beim l) auf, m) im, n) auf/bei

2b) a) auf/bei, b) bei, c) auf, d) beim, e) zu ... in, f) bei, g) an, h) auf, i) im, j) im

3a) a) nach, b) nach, c) in, d) nach, e) in, f) in, g) an, h) auf, i) zum, j) ins / zum, k) auf, l) nach

3b) a) Laura fährt zum See. – b) Hanna geht in die Schule / zur Schule. – c) Mein Vater fährt in die Arbeit / zur Arbeit. – d) Tim und Franziska gehen auf eine Party / zur Party. – e) Ich gehe in die Berge. – f) Mein Bruder fliegt nach London. – g) Frau Müller geht zum Friseur. – h) Herr Schulz fährt zum Supermarkt. – i) Die Familie fährt nach Frankreich. – j) Die Kinder gehen ins Schwimmbad.

4a) a) von zu Hause, b) aus dem Haus, c) zu Hause, d) im Haus, e) nach Hause, f) ins Haus

4b) a) nach, b) in

5 a) aus - in - zu - nach; b) von zu - Zu - nach - zur; c) aus - im - in; d) aus - im - in; e) von - im - am - ans; f) vom - bei - zu; g) von - nach - auf - zur

6 (1) durch, (2) außerhalb, (3) entlang, (4) an, (5) vorbei, (6) Um, (7) herum, (8) Gegenüber vom, (9) Innerhalb

7 Individuelle Lösung

8 | Temporale Präpositionen

1a) am: 12. April, Mittag, Wochenende, Donnerstag
an: Weihnachten, Ostern
im: Sommer, Herbst, August
in: den Sommerferien
gegen: 15:30 Uhr
um: 15:30 Uhr
ohne Präp.: morgen, 2025, heute

1b) Lösungsvorschläge

a) Wann sind Sie geboren?

Datum:	am 30. 10.
Tag:	am Samstag
Monat:	im Oktober
Jahreszeit:	im Herbst

b) Wann kommen Sie nach Hause?

Uhrzeit:	um 18:00 Uhr
Tag:	am Sonntag

c) Wann haben Sie Urlaub?

Monat:	im Juli
Jahreszeit:	im Sommer

d) Wann ist der Termin?

adverb. Zeitangabe:	nachmittags
Uhrzeit:	um 15:00 Uhr
Datum:	am 3. Mai
Tag:	am Freitag

e) Wann siehst du deine Eltern?

Fest, Feiertag:	an Weihnachten
Monat:	im Dezember

f) Wann heiratet deine Schwester?

Jahreszeit:	im Sommer
Datum:	am 10. August

2 Enzo ist *~~seit~~/vor* fünf Jahren nach Deutschland gekommen. Er lernt *seit/~~vor~~* vier Jahren Deutsch. *~~Seit~~/Vor* einem Jahr hat er eine Stelle im Krankenhaus bekommen, denn Enzo ist Arzt. *~~Seit~~/Vor* vielen Jahren hat er in Italien Medizin studiert. *Seit/~~Vor~~* zwei Jahren ist er außerdem verheiratet.

3 a) seit - Seit; b) Bis; c) Ab; d) Von - an; e) ab; f) Bis; g) Seit; h) Von - an

4 1 A), 2 C), 3 A), 4 C), 5 B), 6 B), 7 C)

5 b) vom 24.12. bis zum 31.12.; c) von März bis Oktober; d) von 2010 bis 2020;
e) von der 1. bis zur 3. Stunde; f) von morgens bis abends

6 a) zwischen, b) über, c) für, d) für, e) Zwischen, f) über

7 b) Beim Kochen unterhalten sie sich. – Während des Kochens unterhalten sie sich.
c) Beim Putzen hört sie Musik. – Während des Putzens hört sie Musik.
d) Beim Fernsehen telefoniert er. – Während des Fernsehens telefoniert er.
e) Bei der Arbeit lachen wir sehr viel. – Während der Arbeit lachen wir sehr viel.
f) Beim Autofahren darf sie nicht telefonieren. – Während des Autorfahrens darf sie nicht telefonieren.
g) Beim Sport schwitzt er stark. – Während des Sports schwitzt er stark.

8 a) außerhalb, b) Innerhalb, c) Innerhalb, d) außerhalb, e) Innerhalb, f) außerhalb